基于学生核心素养的基础教育科学课程体系研究

刘丽君◎著

东北师范大学出版社

NORTHEAST NORMAL UNIVERSITY PRESS

图书在版编目（CIP）数据

基于学生核心素养的基础教育科学课程体系研究 /
刘丽君著. — 长春：东北师范大学出版社，2019.3
　　ISBN 978－7－5681－5585－4

　　Ⅰ．①基… Ⅱ．①刘… Ⅲ．①基础教育－研究－中国
Ⅳ．①G639.2

　　中国版本图书馆 CIP 数据核字（2019）第 053549 号

□责任编辑：王春彦　　□封面设计：吕冠超
□责任校对：汲　明　　□责任印制：张允豪

东北师范大学出版社出版发行
长春净月经济开发区金宝街 118 号（邮政编码：130117）
电话：0431－84568036
网址：http：//www.nenup.com
电子函件：sdcbs@mail.jl.cn
东北师范大学出版社激光照排中心制版
三河市海新印务有限公司印装
2019 年 3 月第 1 版　2022 年 9 月第 2 次印刷
幅面尺寸：185mm×260mm　印张：12　字数：240千字

定价：70.00元

前　言

　　2018年全国教育大会召开，习近平总书记指出全国教育工作的根本任务是立德树人，是培养社会主义接班人。在基础教育阶段，科学教育是一个重要组成部分，要发挥自身的作用去完成这个任务。具体来说，就是要在教育教学的环节中培养学生的科学精神、科学态度、科学知识，帮助他们掌握科学方法，从而逐渐提升全面的科学素养。这一点从我国基础教育课程改革的发展方向来说，正是一个必然的趋势。而站在国际教育发展的角度看，21世纪世界范围内科学教育的改革也正是围绕学生的科学核心素养提升展开的。

　　本书围绕21世纪我国社会对公民科学素养的需求，结合我国基础教育改革的方向以及世界范围内科学教育的共同发展趋势，对科学素养教育课程改革的发展趋势进行了分析。本书共分为八个部分。第一章是对核心素养以及科学课程进行了分析，认为核心素养是学生参与社会活动的知识与能力基础，是学生迎合社会发展变化的需要。第二章则对西方社会核心素养的发展历程进行分析，涵盖古希腊阶段、文艺复兴阶段以及工业革命阶段。从这三个不同阶段的核心素养培养来看，核心素养正是迎合社会的需要而产生的。社会的发展变化引导了学校核心素养的培养，其中也对科学教育的萌芽以及初步发展进行了分析。第三章则对国内社会核心素养的发展变革进行初步的分析，并对核心素养需要引起的教师发展、科学课程发展以及课堂教学的发展进行分析。核心素养发展需要的社会环境已经产生变革，以人工智能为代表的新时代已经走来，学生在新时代需要的不仅仅是知识，而且是超越人工智能的科学探究能力与方法。第四章则对科学教育的课程体系发展历程进行分析，主要是国外科学教育在古希腊、文艺复兴、工业革命时期的科学教育发展历程和国内封建社会以及近代以来的科学教育课程发展历程。第五章则是对科学教育课程的标准进行解读，同样是国内科学教育课程同国外科学教育课程标准的对比与分析。第六章则是对核心素养培养的三类课程以及不同的课程文本进行分析。第七章则是对

STEM 课程进行分析，主要是STEM 课程的内涵与特征，STEM 课程的模式以及STEM 课程的教学评估。第八章则在以上章节的基础上作总结，探索围绕核心素养的科学课程教育模式。总体上，本书认为科学课程的发展应该在传统科学课程教育的基础上渐进式发展,结合HPS、STS以及人文教育取向，综合科学课程教育的内容，为基础教育阶段的学生构建一个宏观的科学观念，提升他们的科学核心素养。如果仅仅是就核心素养而去谈核心素养，可能适得其反。

在写作的过程中，本书参考和引用了国内外诸多专家学者的研究成果，在此表示诚挚的谢意。

笔者虽然在研究方面下了很大的功夫，但是由于自己才能有限，对相关方面的研究还不够深入细致，书中还有一些漏洞与缺憾，恳请专家、学者和同行批评指教。

作　者

2019 年 6 月

目　　录

第一章 核心素养与科学教育

人们总是有一个习惯，一旦社会上出现一些问题，就会选择责备教育，"没素质"、"没教养"这样的话就出来了。许多教师是不接受的，不愿意背这个黑锅，这不是学校所教授的内容。那么到底应该谁来教呢？回过头来看这件事情，所谓素质、教养，简单来说就是素养。素养究竟又是什么呢？是学生做事情时候的选择和处理方式？是学生与人交谈时候的文明礼仪？是学生在作出人生判断时候的眼界与格局？这些似乎都是也似乎都不是。本章就围绕学生的核心素养首先作出一些主要的概念判断，理清素养的概念，再在这个基础上作深入研究。

第一节 核心素养概述

一、学生核心素养的概念

"核心素养"这个概念源自人们谈到的素质教育，2014 年教育部印发《关于全面深化课程改革，落实立德树人根本任务的意见》中首次提出。2016 年，《中国学生发展核心素养》围绕"人的全面发展"，依据"立德树人"这一教育根本任务，把人的核心素养划分为三块六个部分，分别是文化基础（人文底蕴、科学精神）、自主发展（学会学习、健康生活）、社会参与（责任担当、实践创新），综合表现为人文底蕴、科学精神、学会学习、健康生活、责任担当、实践创新，具体来说，则细化为国家认同、理性思维等十八个基本要点，如图 1-1 所示。

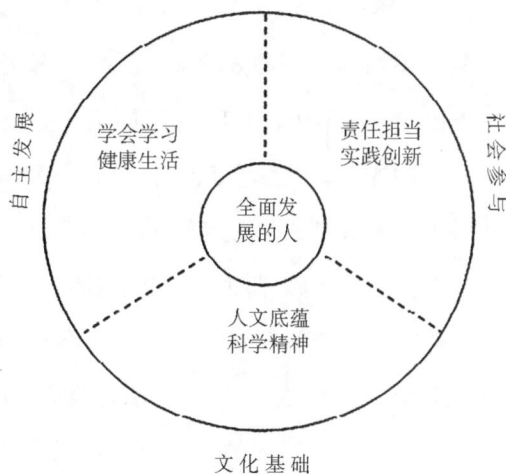

图 1-1 学生核心素养的组成

从这一文件中就可以看出，对于学生来说，所谓"发展核心素养"是指学生应该具备的能够适应终身发展和社会发展需求的必备品格与能力，关于学生的知识、技能、情感、价值观、态度等多个方面的表现，关于学生的成功生活、适应个人终身发展以及社会共同需求的共同素养。有专家表示，学生发展的核心素养研究应该遵循三个基本原则，即科学性、时代性和民族性。所谓科学性是指核心素养研究应该围绕学生身心成长和发展的规律，以学生为本的核心素养才是值得发展的核心素养。所谓时代性是指学生的核心素养应该满足时代和社会的需求，一方面具有现实性，是当代社会所需要的，另一方面要具有发展性，是适应社会发展需求的。所谓民族性是指学生的核心素养应该是围绕中华民族伟大复兴所需求的，要坚决贯彻培养什么人的基本方向问题。

然而这些核心素养如何落实，如何通过学科教育得到真正的体现，是专家学者以及广大教育实践者考虑最多的问题。学生的教育不仅仅是在学科教育中，陶行知先生提出的"生活即教育"实际上提醒我们学生在生活中受到的方方面面影响都在进行教育，都在转变学生的素养养成。而在学校教育这一方面，素养教育主要反映在学校的课堂教学之中，反映在学校打造的显性和隐性校园文化之中。因此，对于学校来说，课程改革、教师培训与评价方式的转变缺一不可。

二、核心素养的价值与意义

（一）核心素养是教育发展的必然

从我国课程改革的发展规律来看，核心素养实际上已经蕴含在教育改革的实践之中。20世纪90年代，我国就开始组织素质教育的改革。到现在，我们也在提倡进行这一方面的改革，让学生从唯分数、唯升学的教育改革实践中解放出来。而在新世纪，国家颁发了中长期教育改革规划纲要，纲要中明确规定素质教育改革发展的主体，全面提高教学质量是改革发展的核心任务。显然，改革的目标已经被放在学生发展的核心素养上。开启新世纪的基础教育课程改革，宗旨就鲜明地定位在每一名学生的素质全面提升上。而从2013年提出课程改革的根本任务是立德树人这一点来看，把学生的全面发展作为教育发展的基本要求，就清晰地告诉我们，"核心素养"这一概念是课程改革的必然。2018年，在全国教育大会上，习近平总书记的讲话更是指出学生核心素养的发展对于社会发展的重要意义。

（二）核心素养是对课程改革的深化与支撑

教育部《关于全面深化课程改革，落实立德树人根本任务的意见》明确要求着力推进关键领域和主要环节的改革。所谓关键领域和主要环节则首推课程制定，各级各类学校要从实际情况出发，把核心素养落实到课程教学之中，可见核心素养和课程改革是有非常直接的关联的。核心素养的内容决定了课程改革与标准制定的方向和宗旨，是之后课程教学的指挥棒。教师要围绕所制定的课程标准进行学科教学，明确学生在不同学段或年级要达到的具体素养水平。因此，对于课程改革来说，核心素养具有统领性和指引性，应明确并且坚持学生核心素养培养的方向感。对于学生发展来说，课程改革具有根源性和支撑性。核心素养的培养对于学生的关键品格与关键能力来说具有带动作用，同时也使得课程教学更加具有生命力，丰富了课程的内涵。

（三）核心素养的提出是为了应对学生的长远发展

随着全球化信息化以及知识社会的来临，国力竞争不断加剧，合作共赢的发展理念正在形成共识。国力竞争说到底是人才的竞争，合作共赢的理念也要依靠人才的支撑。而这一切都和人才的培养质量相关。而提高人才的培养质量，则需要教育。这是世界各国共同面临的课题，是教育不能规避而且要积极回答的。这个问题回归到最为本质的方面，就是学生知识、能力、情感以及价值观等方面的培养，尤其是在新时代，更要培养良好的公民和优秀人才。因此，教育领域培养和发展学生的核心素养是国之大计、党之大计，尤其是国家人才发展战略在教育改革领域的主要体现和具体要求。这样的背景超越了课程改革本身，也超越了学生素质自身。这是一种国家发展的战略思维。因此，在核心素养的培养上，应超越具体的学段和学校，贯穿到整个教育过程始终，实现整个教育系统的思维转变。

三、核心素养的主题实质

在全国教育大会上，习近平总书记指出，教育的根本任务是立德树人，培养德智体美劳全面发展的社会主义建设者和接班人，总起来说也就是培养什么人，怎样培养人的问题。换个角度来看，核心素养也就是在回答这个问题。因为核心素养始终都是围绕这个社会需要什么素质的人才去建设出来一个什么社会。

（一）核心素养是人的核心素养

非常明显，我们谈论的核心素养是学生的核心素养。离开学生，谈论核心素养毫无意义。事实上，先前的课程改革中，忽略学生的现象司空见惯。最为突出的是，在有的地方和学校，作评价的时候，只见课程，不见学生。而学生缺席以后，这样的评价是没有意义的。产生这种现象的原因是非常复杂的。但其中无可争议的是，我们培养的学生核心素养在引导我们转移教学的目标，即从教知识转向学生素养的培养，而培养素养的评价方式是分数，追求分数就等于追求核心素养这种错误观念也一直存在着。习近平总书记在全国教育大会上指出要打破这种现象，确立教学育人的核心理念，使之成为教育信念，以学生发展为本才能真正落实。

（二）核心素养的目的是立德树人

任何教育都在围绕核心目标在建构自己的育人模式。前面谈到落实立德树人的一个重要措施就是核心素养的培养。这个根本任务的具体化则是要建构一个中国特色的育人模式。核心素养非常明确地回答了立德树人相关的一些基本问题，规定了学生必须具备的品格和关键能力。不仅如此，核心素养的内涵中非常明确地把人的各种素养进行罗列，例如知识、技术、价值观等。核心素养与立德树人的关系形成了鲜明的逻辑线索，推动教育的实际转向，在探索活动中不断建构教育模式。而各个学校又在这个过程中，确立了具有自身特征的校本育人模式。

（三）核心素养的实质要求是学会转变

在 20 世纪 70 年代，联合国教科文组织就对学生的发展提出了具体的要求，要学生学会学习，学会做事，学会生存，学会共处。21 世纪初，联合国又提出了"第五根支柱"，也就是"学会改变"。社会在不断改变，学生要接受社会发展的这个特征。也就是说，学生要适当改变自己，适应社会发展的特征。学会改变的核心要义就包含在核心素养之中。要促进核心素养的发展，要求帮助学生形成稳定的核心素养，帮助学生完成创新的思维品质的提升以及转变方式的建构。学生的核心素养不是封闭的，而是开放的，是在社会的不断发展过程中主动实现转变的。学生的核心素养正是在社会的不断发展中逐渐成形的。这也是上文提到的学生核心素养形成的发展性特征。

四、核心素养研究应确定的基本问题

（一）核心素养的功能边界

作为核心素养，对于学生的能力来说，顾名思义就是非常重要的能力。似乎一切问题的解决都可以从核心素养入手。不过反过来说，对于人的发展来说，核心素养是人发展的必备品格与关键能力，也是课程改革的依据和目的。这里就存在核心素养形成以及定位的问题。从核心素养的功能来看，其主要作用在于统领课程改革过程中多个要素的协调和深入。有专家认为，国家课程改革要落实核心素养，校本课程则不必。这其实是一种狭隘的看法。正如前文引用陶行知先生所言，核心素养形成于学生生活的微妙之间。一个课程一旦开展就要从核心素养的角度展开，否则就会影响学生核心素养的形成。这个道理其实和我们现在戒备游戏和危险电影的道理是一样的。因此，学校有责任围绕核心素养构建所有的课程。也只有在立德树人的整个教育体系中使不同的教育要素相互配合，形成合力，才能发挥核心素养的作用。同时，核心素养必须在整个体系之中起到统领作用。这就是核心素养功能的边界。

（二）核心素养与学校研究、落实关系

从开展核心素养的研究以来，许多学校都在研究校本的核心素养。这说明，在我国大部分学校，学生的核心素养都已经引起了高度重视，并且逐渐落实到学校的教学和课程改革之中。这体现了学校改革的发展性和进步性，是应该予以肯定的。之后的问题是，学校是否应该制定自己的核心素养标准，如何制定核心素养标准。有一个关系必须明确，就是所有的学校都应该围绕国家制定的核心素养标准，将其作为核心。如果学校忽视这一点，势必会造成核心素养培养的混乱。学校的任务在于将核心素养的标准依据学校自身的特点进行分解，保证学生最为基本的素养能够形成，在这个基础上衍生出一些更加具体的核心素养。这就要求学校能够充分理解核心素养的内涵、价值以及意义，在制定的时候将其具体落实下来。国家标准对于核心素养的描述通常是抽象的。学校要将这种抽象的表达具体到学校的教学、评价以及管理活动中，全面理解与执行，明确强调学生核心素养的具体内容。这样，国家制定的核心素养就能够成为所有学校核心素养培养之中的共同内容。而学校又能够依据自身的资源形成核心素养培养的特色，防止和克服学校培养学生的同质化现象。在这种具备一定创新意义的课程观念基础上，学生也能够形成一种积极创新的素质，更为容易地理解变化的内涵，从而促进学生生动活泼地发展自己的能力。

（三）核心素养与非核心素养

有不少教师、学者针对核心素养提出了非核心素养。如果没有非核心素养，核心素养就没有意义。从逻辑上看，这种提法是准确的。不过，有一个现象值得我们重视：为什么没有一个国家或者国际组织去思考什么是非核心素养？其实，这个问题的答案非常简单，因为教育存在个性化。我们今天提的核心素养实际上是一种社会性的素养。也就是说，核心素养是针对国家需求提出来的。但是没有人考虑到核心素养教育的个性化问题。在学生的发展中，人的天性是不同的，在要求全面发展的同时，其实还存在一个个性发展的问题。而针对学生的个性发展问题，就无法准确区分出何种素养是核心的，何种素养是非核心的。也就是说，对于学生来说，素养本身没有核心与非核心之说，他接受的核心素养教育实际上是具备一定时代性的核心素养教育。随着时代的不断发展变化，核心素养是在不断发展的。也许有人提出反对意见：有的核心素养是不变的。这是一种永恒主义的看法。但是笔者想问：永恒主义的核心素养来自于哪里呢？它也是一种生成，是社会条件要求而生成出来的。例如爱国这种素质，由于自奴隶社会就存在国家，所以在奴隶社会以来就产生了爱国主义的认识。到现在国家仍旧是一个民族、一个社会生存的根基，所以到现在爱国主义这种素养仍旧不会消失。如果在未来的共产主义社会，整个世界不存在国家机器，这种素养也就会消失。因此，核心素养是在特定环境中不断生成的。由于人所拥有的条件不同，对于特定的人来说，其核心素养也会不同。因此，对于学生来说，并不存在核心素养与非核心素养之分，凡是学生未来生活所能应用的素养都应该算作核心素养。而从国家的角度，要提高国民素质，增强国民的团结和对国家的感情，就会有价值观、社会道德这样的核心素养要求。在实践操作中，人们也不必过于区分什么是国家层面上的核心素养，什么是个性层面的核心素养，因为国家在设计核心素养的过程中已经考虑到学生的个性化需求。教师在教学过程中，只需要将这些素养的要求落实在课程中，就能够逐渐实现学生核心素养的培养。而在不同的环境中，学生会依据自己的需求，主动发展自己的核心素养，就犹如大学生进入大学以后会主动选择专业一样。

第二节　学科核心素养

学生的核心素养发展是在相应的学科教育过程中逐步形成的。有专家认为在基础教育中，不同学科构成的学科群之中，存在许多能够帮助学生形成素养的要素，例如学科的特殊逻辑能够引起学生的兴趣，产生学习的动机和态度，同时也让学生主动思考和判断，在相互的交流之中能够形成独属于某一个学科的表达，和这个学科相关的观察能力与动手能力也会发展起来。因此，在不同学科的教学过程中，学生逐渐形成能够体现学科本质特征的关键能力和知识素养。各个学科的素养结构构成学生发展的核心素养特征。

一、以"素养"为核心实施课程的方针

当今社会是一个信息社会，人们很容易获得信息与知识，普通人都能够借助于互联网成为一个知识分子。同时，这里面也有一个危机，人们因为信息的大量存在而产生了信息的信任危机。人们获取信息太过容易，量也太大，具体的内容也过于复杂和模糊。在这种环境下，人们周围的世界变得越来越复杂，充满了不确定性。人们不希望自己被信息海洋所吞噬，而是希望自己能分辨真伪，清醒认识自然和社会，让信息为自己服务，从而帮助自己轻松应对社会的发展和变化。

教育是上层建筑，是要随着生产力的发展而不断发展的。而作为上层建筑，教育还有其特殊性，这种特殊性在于教育不仅仅是从经济基础上攫取内容，更重要的是反哺经济基础。教育活动产生的高素质公民，创造并传承下来的知识，让整个经济系统获益良多，直接推动着社会经济的高速发展。在基础教育阶段，公民素质的不断提升，形成青少年的基本素养是人们关注的重点任务。这也是当今世界许多国家关注的核心问题。因此，研究制定基础教育阶段学生核心素养的发展课程是所有国家都要面临的问题。一览各国基础教育，尽管制度各异，但是都重视基础教育对民族素质的作用。基础教育的课程载体重视学生基本素质的培养，并逐渐成为其职业素养，成长为健康的社会公民。

蔡文艺、周坤亮介绍了苏格兰在 21 世纪的最近十年为了提升经济实力和社会发展潜力而作出的核心素养课程改革努力。苏格兰课程改革的思路和流程是围绕"核心素养"，设置八个课程领域各自的"核心素养"贡献，规定了每一个课程领域的经验以及结果。经过大量的调查研究，苏格兰确定了公民所需的四个核心素养类型，即围绕终身教育所需的成功的学习者（successful learners），围绕公民未来成就与发展的有自信的个体（confident individuals），围绕社会素质与水平的负责任的公民（responsible citizens），围绕社会整个经济发展的有效的贡献者（effective contributors）。可以说卓越课程将知识、技能和态度分开进行描述，并最终整合了起来，体现了素质的整体性特征。

2014 年，我国教育部发布的《关于全面深化课程改革，落实立德树人根本任务的意见》指出，基础教育阶段应该帮助学生形成适应个人以及社会终身发展所需的品格以及解决问题所需要的态度和能力。基础教育的目的是围绕落实立德树人这一根本任

务。在基础教育阶段，要依据上述要求制定学生发展的核心素养。各个学科的课程要通过教学帮助学生形成核心素养。教育部依据学生身心的成长规律，要求教育研究者和学校把学生全面发展的要求进行细化，确定学生在各个学段的核心素养发展需求。这个文件对我国各个学科的核心素养制定来说具有重要的指导意义。许多专家指出，学生核心素养的发展主要是指学生应该具备的能够适应终身发展和社会发展需要的品格与能力。学生核心素养体系的制定目的是培养全面发展的人以及适应社会发展需要的公民。教育部组织制定的设计不同阶段的课程标准则是要引导学校实现这些方面的落实。

具体来说，教育部把学生发展的核心素养确定为 9 类，共 23 个基点，70 个关键表现①。其中 9 类核心素养是指学生的身体发育、学习能力、实践能力、道德水平、国家观念、国际理解、人文素养、科学态度、审美观点等。这 9 类核心素养又进一步划分为 23 个基本要点，以及 70 个关键表现。例如上述的科学态度可以进一步划分为"追求真理以及实事求是"，而"实事求是"则可以进一步发展成为"尊重事实和证据，弘扬理性，运用科学知识以及原理去解决问题"这样的关键表现。这和前文提到的人的全面发展核心是相互关联的。

这 9 类核心素养，23 个基本要点以及 70 个关键表现描述了学生在学习以及今后的发展中所需要的状态以及结果，描述了个体在不同复杂程度下所表现出来的素质和实践水平，帮助学生获取和加工信息，分析和解决问题。

回归到核心素养和学科教育的关系来看，核心素养是学生发展核心素养的重要构成部分，形成了学生跨学科的关键能力与品质。而具体来看，各个学科的素养如何构建则尚不明确，不同的专家有不同的看法。但是基本上看，这些看法都体现在如何发展学生核心素养的要求，具体到某个学科上就是利用学科的知识与技能确立学生在这个学科方面的态度与情感价值观。

学科核心素养是从学科教育的角度对总体目标的具体化，集中体现学科育人的价值。培养学科核心素养是为学生终身发展奠定基础，应该贯穿于教学全过程。学科教育成功与否的关键是能否在学科教学中培养学科核心素养。

学科核心素养描述学习的结果，描述学习者在面对复杂的、不确定的现实生活情景时，在分析情景，提出并解决问题，交流结果的过程中所表现出来的综合性品质。

---

① 中国教育学会，光明日报教育部．核心素养如何转化为学生素质．光明日报，2015-12-08：15.

学科核心素养涵盖了学科观念、思维模式和探究技能，以及结构化的（跨）学科知识和技能，是学科三维学习目标（知识与技能，过程与方法，情感、态度与价值观）的整合。

学科核心素养要反映学科最基本、最重要、最具特征性的特质。可以从不同维度描述素养的内涵，在各个学习阶段应达到的水平。要从学生在学科素养的质性变化来确定各水平具体内容，描述特定学段的素养发展情况。不同发展水平之间是递进的，不同水平的差异不是部分与整体的关系，而是表现于深度和广度上的差异，对应问题（情景）复杂程度的差异。

学科核心素养水平的确定，是制定课程标准和学业评价标准的基础。从学科核心素养培养的要求出发制定的学业质量标准，可以明晰学生学业质量发展的阶段特征与要求，可以帮助教师根据学生水平，选择课程资源，设计教学方法和策略，可以为各级各类考试和评价研制具体的考纲提供上位的理论框架和水平依据，指导命题。学业质量标准，要结合内容来编写，但是需要统整，呈现学科能力、观念的培养要求。学业质量等级水平的标准的描述应把学科素养的内容和学习内容有机结合起来，避免按知识点来描述学业质量。

二、学科核心素养的内涵

在基础教育阶段，科学课程是一门重要课程，是科学精神与态度这一核心素养的载体。如何依据学生发展的需要构建科学课程，是世界上许多国家面临的共同问题。

（一）案例：澳大利亚化学课程核心素养的确定

澳大利亚在 2015 年颁布的科学课程标准就是一个科学课程发展的典型案例，从中可以看到澳大利亚科学课程标准中核心素养的含义，同时也能够看到澳大利亚科学课程在学生核心素养发展方面的具体指导意义。

澳大利亚科学课程按照其设计规范统一编制。澳大利亚科学课程标准的依据是科学的性质以及任务，课标各部分内容的编写都是对科学课程设置的主旨予以体现，进一步制定各个单元的学业标准，从而帮助学生形成科学核心素养。

澳大利亚科学课程的特点在于科学和社会连接紧密。在这个基础上，他们增加了如下理念：

第一，科学课程要发展学生对关键科学现象的认识，促使他们理解基本的科学现象。学生对科学现象的兴趣能够激发他们对科学课程的积极性，从而推动他们更加关注科学课程，主动学习科学课程。

第二，学生要通过科学现象的探究活动，搭建思维上的科学概念和模型，并能够通过生活上的实例将这些模型应用起来。学生能够将头脑中的科学模型应用在生活实例之中，就能够逐渐在自己的观念中种下科学的种子。

第三，学生独立或者合作设计并且实施调查，建立简单的科学模型，从提出问题到设计变量、分析数据、评估结果、解决问题，并提出基于证据的参数和模型进行交流。

第四，在科学课程中，使用不同层次的思维方式，使用专门的科学术语进行表示，并在设计科学活动方案方面充满创造力。

这四个理念是相互关联并且逐层递进的。在科学思维方式上，学生首先对科学现象感兴趣，才会逐渐了解科学模型和知识，具备科学思维方式以及态度，从而逐渐有科学精神，以至于能够利用科学课程的思维方式解决实际问题。

澳大利亚的科学课程还对科学同其他学科的联系进行了说明，指出科学在社会生活领域中是一个基础，要经常进行跨学科的统一联系。科学是一个工具，为学生提供一套有价值的技能，为进一步理解研究路径和职业生涯奠定基础。澳大利亚科学课程进一步指出，学生将利用科学课程形成更为理智的思维习惯，并能够运用科学的知识进行批判性的思维活动，最终成为更加明智的公民。

澳大利亚科学课程标准说明了把科学核心素养融入课程中的方式和意义，强调了科学课程对于学生形成跨学科的观念、能力和价值观上的作用和育人价值。

依据上述科学课程的理念，澳大利亚科学课程标准规定了科学课程预期的 7 项学习目标：

• 培养学习科学的兴趣，欣赏科学在解释和解决不断变化的世界中所发生问题的价值；

• 理解科学原理、科学模型，对科学的结构和性质进行描述以及解释；

• 理解影响科学现象产生的因素以及在控制科学现象过程中的应用与调整；

• 认识运用科学实验进行独立和合作的研究，在解决社会问题的决策上的影响和价值；

• 学习开展科学探究，从不同的角度收集科学现象变化的证据，进行分析和解释；

• 形成批判性的评估以及辩论能力，能对有关的科学问题作出符合科学精神以及态度的结论；

• 能够运用科学的语言以及适当的表示形式同他人进行沟通，理解在这个过程中发现的一系列科学问题。

从以上的论述可以看到，所谓学科的核心素养是指学生在该学科学习的过程中所取得的能体现学科本质特征的关键成就。从学科哲学和教育哲学的视角，即是从世界观和方法论的高度去分析学科的特征以及社会性，帮助学生从具有学科特点的知识和技能中提炼出跨学科的具有适应社会的品格、素养以及关键能力的要素，从而明确学科的核心素养。

（二）学科核心素养的内涵

从以上对澳大利亚科学课程的分析可以看出，学科核心素养是指学生在进行学科学习的过程中基于学科知识和课程所掌握的学科精神、态度以及能力。这个定义包含两个方面的含义：

第一，基于学科学习的过程。所谓基于学科学习的过程是指学生要进行学科学习，而学科学习的内容是按照国家对核心素养的要求所确定的。国家依据立德树人所确定的国家层面的核心素养要求某一个学科围绕自身的知识学习逻辑展开知识学习内容的编辑，从而让学生在学习的过程中逐渐掌握国家所要求的核心素养。在这当中又有两个含义：一个是国家要求的，就如我们上文提到的 9 个素养、23 个关键点、70 个基本表现；另一个是学科所固有的知识逻辑。这两个方面的结合也是为了让学生更为准确地理解学科知识，更加准确地适应学科知识的要求。

第二，学生所要掌握的学科精神和学科态度。学科核心素养并不会在学科课程教学的过程中主动延伸到学生的核心素养之中，而是在学生的不断学习中逐渐地被学生掌握。学生掌握的学科核心素养大体上会按照学科知识的编辑展开，但是也会根据学生的特异性而有所差别。学生核心素养的形成不仅仅是在教师的作用下，而且是在学生自身学习的过程中。学生对于学科知识的掌握，会按照学科知识刺激学生的兴趣顺序去展开主动的知识学习过程。例如在科学学习的过程中，某一科学现象率先刺激学生形成兴奋点，学生就会主动去掌握。

结合以上两方面的论述，学生学科核心素养的形成并不仅仅是按照国家的要求，而且是按照学生自身的兴趣特征和能力展开的，因此学生学科核心素养的培养在这个方面要十分注意。

反过来，从核心素养来看学科核心素养，学科核心素养是结合学科知识对核心素养的展开。因此，学科核心素养同核心素养一样具有科学性、时代性和民族性。学科素养的科学性是按照学生接受知识的顺序以及学科自身特定的顺序展开的。时代性则是学科知识对于当代社会的应用性特征。这里有一个永恒主义与当代社会发展的辩证问题。在这个问题上，我们主张永恒主义的坚持固然有其自身的价值，但是学科知识，尤其是科学课程这样的学科知识更要强调针对性。永恒主义与当代社会发展要有机结合起来，避免偏颇。所谓民族性，是指在任何一个学科发展的过程中，要结合本民族的特征，在学科教育开展的同时进行爱国主义教育。

因此，学生学科核心素养须考虑至少两个方面的因素，一个是国家的要求，一个是学生对于学科的兴趣。要围绕人，围绕整个社会的需要，展开学科核心素养的培养。

第三节　基础教育科学学科中的核心素养

上面对学科核心素养教育作了简单的阐述。这里在前文以及国家对科学核心素养要求的基础上对科学教育的核心素养进行阐述。科学教育已经成为全民提升科学技术文化素质的一个重要手段，从而也形成民众对科学以及社会的认识，提高民众的社会素质，促进社会发展水平的提升。因此，我们要正确理解科学教育的内涵，有效实施科学教育。

一、科学教育的内涵

从科学概念的历史演进和科学这一概念所蕴含的丰富内涵可以发现，科学教育所涵盖的内容是十分广泛的。随着科学的进一步发展，人们发现，简单的科学概念已经不能反映出科学的真实面貌了，事实上，科学不仅仅是探索和解释自然，更重要的是它是人的活动，因而科学就其本质而言，不可避免地要涉及人类及其社会领域。现代的科学教育已远远超出了学习科学知识的范围。与人类社会中的教育一样，科学教育也是人类的一种教育活动。所不同的是这种教育活动以学习和运用科学为基础，以认识科学的特征和理解科学的价值为内容，以培养和提高人的科学素养为目的。

在现代社会中，随着科学技术的突飞猛进，科学探究的领域已越来越宽广，学科分化和学科综合形成的新型学科领域及分支也越来越多。许多新型学科的知识、技能和成果已经进入学校科学教育之中。科学发展的广泛性也已带来了学校科学课程内容的多样性，如环境科学、信息科学、生命科学、材料科学、计算机技术、健康与生活等都已相继成为学校教育课程的重要内容，极大地拓展了科学教育的领域。因此，如果我们在科学技术和社会急剧变革发展的背景下仍然以经典自然科学的门类划分来看待今天的科学教育，就容易限制我们的视野，也不利于科学教育的发展。所以，必须从更大的范围上来定义科学教育。从战后欧美发达国家的科学教育经验来看，科学教育的发展从知识本位逐渐走向了关注科学素养的教育。科学教育成了全民的科学技术文化教育，帮助每一个公民提高科学素养，培养人们具有关心社会发展的精神以及认识水平。如今科学教育还要密切关注现实和未来的全球性问题，例如人口、环境、能源和生态，起到联系科学社会化以及社会科学化纽带的作用。随着科学教育的内涵不断丰富以及外延不断扩大，人们越来越觉得需要对其进行重新定义。

从以上的论述可以看到，要想对科学教育下一个绝对的定义是不现实的。科学教育的内涵要随着科学在整个人类社会中的地位以及作用的变化而不断变化。总体上看，我们认为科学教育可以理解为科学技术时代人们必需的科学素养的养成教育，将科学知识、科学能力、科学态度、科学精神等融合在一起。因此，科学教育的目标是提高全体学生的科学素养，实现途径则是将科学知识、科学能力、科学态度、科学精神等内化成学生的理念和行为，从事科学研究或参与公共事务和处理实际问题的科学基础。

二、科学素养的含义

科学素养是当代科学教育的重要理念，也是重要的培养目标。在20世纪中叶以来的学校科学教育变革发展进程中，科学素养教育的兴起是一个重要的里程碑。它对学校科学教育观念、教育课程、教学方式，乃至教育评价模式的革新产生了前所未有的影响。纵观当代富有影响的科学教育革新计划，像美国的"2061计划"、《国家科学教育标准》，英国的《国家科学教育课程标准》，日本新修订的中学学习指导要领，我国新世纪的基础教育新课程改革，无一不把培养科学素养作为科学教育的中心目标，而且以科学素养为宗旨的科学教育理论和实践的探索正方兴未艾。这不仅反映出科学素养的重要教育价值，也说明了实施科学素养教育有着重要的意义。

"科学素养"兴起于20世纪50年代末的西方发达国家，其早期的含义是扫除科盲，即通过科学普及教育使大众拥有基本的科学常识和读写的能力。其后，人们发现这种强调面向大众、注重全民科学水准提高的"科学素养"观也适宜于概括表达学校科学教育的培养目的。于是，"科学素养"逐渐成为表述学校科学教育理念和教育目标的专门概念。

最早尝试给科学素养下定义的是美国科学教育专家赫德（Hurd P D）。他在其撰写的《科学素养：对美国学校的意义》一文中提出，科学素养就是"对于科学与科学应用于我们社会经验里的了解"。在 60 年代的科学教育现代化运动中，克拉普费（Klopfer L E）又进一步阐释了科学素养的含义，他提出科学素养应包括三大构成：①理解科学的主要概念、原理；②理解科学的探究过程；③理解科学与一般文化之间的相互作用。克拉普费的这个定义直截了当地概括了科学素养的含义并指出了实施的主体内容，因而深受欢迎。随后，卡尔顿（Carlton）在大量调查研究的基础上，根据科学家和科学教育工作者对科学素养的各种认识将其归纳为"着重于科学知识的掌握及与科学有关行业的应用"。这个定义也有广泛的影响。这些有关科学素养含义的各种论述说明，科学素养是一个含义广泛的概念，它蕴涵着丰富的科学教育价值观。因而是实施科学教育所不可缺少的思想基础和教育目标。

我国也提出了关于科学素养的一般含义："科学素养就是对个人决策、参与公共和文化事务以及经济生产所需要的科学概念和过程知识的理解。"概言之，科学素养就是指人们在运用科学看待、处理个人和社会生活中的事务和问题时所表现出来的那些科学的基本品质。

一个具有科学素养的人有什么样的特征呢？我国的《科学课程标准》认为，"具有科学素养"的人应该有这样一些特征：能够提出、发现和解答与日常体验有关的问题。他们能够描述、解释和预言自然现象，具有对待事物的科学态度，理解和掌握科学方法，形成运用科学技术的能力，尤其是创造能力，合理的科学知识基础。同时，也包括必备的科学价值观，能够认清科学的性质、科学事业和科学在社会及个人生活中所起的作用。可见，科学素养的含义极为丰富，描绘了一个经过科学教育后的人应当具有什么样的素养品质和他作为社会成员应有的立足形象。但是我们也应当清楚，科学素养是一个广泛的概念，在不同的时代条件、文化背景下，以及在不同的国家和社会里，人们对"具有科学素养的人"的要求和期待也会是不一样的。

三、科学学科核心素养的内容

（一）科学学科核心素养的内涵

结合我国核心素养的要求，确定我国基础教育阶段科学学科的核心素养和质量标准是提高科学教育教学质量的关键。结合上述对学科核心素养的讨论，科学学科核心素养内涵的确定要依据科学学科的特征以及我国科学学科教育的任务，确定具体科学学科教育的维度。总体上看,科学学科核心素养的内容包括科学精神、科学态度、科学知识这几个方面。在科学态度方面,主要是看待物质世界和对待科学的基本态度、基本观念和价值取向,分析、处理和解决有关科学问题的思维方式所采取的严谨、论证态度,对待科学技术、社会和环境关系上采用的态度和方式,应对人与自然、人与社会、人与人关系上的行为方式和相应能力。

在以上这些方面,科学精神、问题意识、基于证据的判断以及探索能力,是学习、研究科学的必备品质与关键能力。对物质的认识需要结合宏观以及微观世界的需求,在不同的水平上进行分析和研究,能够应用科学符号进行表示。在物质和能量变化方面,能够运用科学思维对物质和能量的转变进行概括与理解。在运用科学知识、技能以及方法上,要自觉遵循科学伦理,具备社会的可持续发展观念和绿色科学思想进行交流与合作。

这些对核心素养的描述,基本上符合我国学生发展科学核心素养的要求,较为全面地体现了科学基本观念、科学学习和研究的基本方式,体现了从科学视角看待和分析问题的能力,全面关注了科学知识和技能的学习与训练。有科学基础知识与技能的学习要求,有科学基本观念和思想的建构,有科学共有的学习研究方法的学习要求,从综合发展的要求提升学生对科学的认识。

正如上文探讨的那样,科学核心素养的培养,要在发展学生适应社会和个人需要的品质与能力上下工夫。学生可以通过科学课程的学习,具备科学精神,具备社会责任感,产生合作意识以及沟通的习惯与能力。学生科学素养的学习要把学习兴趣激发起来,结构化地进行知识学习,开展科学调查与探究,实现基本观念、研究方法和思维方式的形成。

确定科学核心素养要激发学习兴趣,结构化的基础知识学习以及科学探究和调查等能力的培养也包括跨学科的素养要素。学科核心素养的培养蕴涵了学习方式和教学模式的变革。新情景下,学科教学要与现实生活紧密关联,要基于真实性的问题情景展开,采用建构式学习的方式。科学教学需要选择和创设合理的情景,通过适当的活动,在学习者和情景的持续活动中,不断尝试问题的解决,发展科学核心素养。

科学核心素养的建构应该把知识、技能的学习作为核心素养形成的载体,防止孤立和割裂地看待知识,要三维地看待学生的学习目标。也就是说,学生不仅要具备科学知识,同时也要具备科学精神和科学态度。在教学中,教师应完整理解各个核心素养关键点和表现的内涵以及要求，在教学设计中从教学内容、情景和方式等方面着手落实。具体来看，核心素养的学习要落实到单元教学和课堂教学的设计中，通过精心设计的课堂教学，创设与现实生活紧密关联的真实的问题情景，引导学生达成学习目标。

（二）科学学科核心素养的主要内容

1. 科学常识

所谓科学常识也就是学生在科学学科学习中学到的科学知识，形成对自然现象的认识。科学常识是科学核心素养的基础。

从当前科学常识的教学来看，科学常识的内容是和学生的社会情景相关的。由于科学常识是围绕学生的生活展开的，因此在科学常识教学中，教师创设的教学情景也大多是学生的日常生活或者是自然现象，通过探究的方式帮助学生掌握科学常识教学的主要内容。对于科学素养而言，科学常识是科学素养的基础。科学常识引起了学生学习的兴趣，同时也引发了他们的科学精神以及科学态度建构。

2. 科学精神

科学教学不仅仅是知识的传授，还是科学精神的传授。在科学学习和探究的过程中，精神的力量是不可或缺的。无论在传统的科学分科教学中还是在现代的科学教育展开中。科学教学课程标准已经包含有科学思想、科学方法、科学态度和科学精神等方面的内容。学生在学习的过程中应当掌握"坚持真理、勇于创新、实事求是的科学精神"。

科学精神的维度包含四个方面，分别是理性精神、实证精神、怀疑精神、伦理道德精神。在科学教学之中要让学生具体感受到什么是证据，什么是结论，让学生感受到科学结论的确立来自于证据的收集与分析。在课程目标中，学生应该养成尊重证据与规律的态度，不迷信权威，勇于创新，在探索自然的过程中领略自然界的科学之美，从而对大自然产生亲近与和谐相处的情感。而随着学生的成长，科学精神的观念也会逐渐发生变化。学生应该逐渐树立把事实作为证据的观念，依据现有的知识和证据进行科学的解释，并具备一定的质疑能力，勇于探索真知。

3. 科学方法

科学教育中，过程与方法的掌握是科学探究的一个必要过程。要突出探究过程和科学的探究方法。有课程标准指出，应该在分析问题和解决问题的过程中尝试运用科学知识和科学研究方法。科学方法是科学核心素养能够充分体现的一个重要环节，也是许多国家探索科学教育的重心内容。

关于科学探究，科学课程标准将科学探究作为一个重要的内容。科学探究具有双重性，一方面是学生的学习目标，学生应掌握这种科学研究的方式，另一方面又是一种重要的教学方式。在科学探究能力目标中，具体来说，又可以划分为问题，猜想和假设，设计实验以及制定计划，进行实验和收集证据，分析与论证，评估以及交流等方面的科学探究能力。在科学探究这一模块中，都会有活动建议，其中部分活动也是科学课程内容的有机组成部分。

关于科学探究活动的方法，两套标准也有相关的阐述和说明。科学课程标准在课程目标中提出，要知道简单的数据记录和处理方法，具备观察能力和提出问题的能力，能够从信息中进行分析以及归纳规律。

第四节　科学课程体系

一、科学教育的目的和理念

科学教育作为一项培养和造就人的教育实践活动总要受到一定的教育理念和教育目的的制约，从事教育工作也需要我们依照一定的教育方针和目的来进行。可以说，教育理念和教育目的对于实施教育有着重要的指引作用。

（一）科学教育的理念和目的的含义

教育是人类社会的一种实践活动形式。与所有的实践活动一样，教育实践活动也有目的性和方向性，并深受社会发展和文化背景的影响。由于这种实践活动是由有社会意识和价值观念的人来组织和实施的，所以教育实践活动必然会受到社会发展观及其教育发展思想的影响，并产生与这个时代相适应的教育理念和教育目的。

教育理念反映出一定社会发展背景下人们对发展教育所秉持的愿望和指导思想，因而具有指导实践的价值，比如邓小平提出的"教育要面向现代化，面向世界，面向未来"就是一种发展教育的理念。我国新一轮基础教育课程改革中提出的以提高国民素质为宗旨，以培养创新精神和实践能力为重点，"以人为本，面向全体学生，培养科学素养"，"学生是科学学习的主体，科学学习要以探究为核心，课程内容要满足社会和学生双方面的需要，科学课程的评价应能促进科学素养的形成与发展"等，则反映了我国发展基础科学教育的新理念。所以，教育理念以反映现实社会教育发展的观念、意志和价值取向为特征，是人们构建的教育实施理想或意图，它对教育实践起着指引方向的作用。科学教育的理念则反映了在一定社会发展背景下人们对于发展和实施科学教育的总的看法、想法和期望，是人们在认识和指导科学教育实践时所秉持的那些思想观念和发展愿望。

教育目的，有时也称为教育总体目标或者学校教育的目的，是人们对教育要达到的某种结果的预期，或者对教育实施将达到什么要求的总体构想。它反映着一个国家的教育方针、人才培养的规格和标准。

科学教育的目的是一个国家对科学教育的总体要求。它概括地反映着国家发展科学教育的意图和价值取向，表达着科学教育的实施理想和培养规格，预示着科学教育达到的结果。例如，我国提出的普及科学知识、传承人类科学文明、弘扬科学精神和提高整个社会和民族的科学文化素养就是科学教育目的的一种表述。所以，科学教育的目的是一个国家衡量科学教育水准而树立的一把具体尺度，因而制定清晰明确的科学教育的目的是一个国家发展科学教育事业的基本保证。

（二）科学教育目的的层次构成与功能作用

一般来说，教育目的是一个有层次结构的目标构成系统。按其概括的程度和上下位次关系，通常把教育目的从概念上划分为"教育目的"、"教育目标"和"教学目标"等具体类别。

教育目的所包容的范围最为宽广，反映着一个国家的教育方针政策，起着衡量人才培养总体规格和要求的作用，也是一个国家建立各级教育系统和制定各类具体培养目标的依据。

在教育目的制约下形成了更为具体的操作性目标——教育目标和教学目标。教育目标常常也称为"培养目标"，在教学大纲中也被称为"教学目的"，在课程标准中称为"课程目标"。它是教育目的的下位概念，起着体现教育目的的内涵，把宏观的、总体性的目的性理念转化为可实施的达成目标的作用。教育目标主要由一系列具体的培养要求构成。例如，我国的《科学课程标准》就在提出"以提高每个学生的科学素养为总目标"的同时，根据培养的目的性和侧重点分列出了"科学探究（过程、方法与能力），科学知识与技能，科学态度、情感与价值观，科学、技术与社会的关系"等四个更为具体的课程分目标。培养目标也是编制科学教材、指导科学教学实践、实施教学评价，以及进行科学教育研究的重要依据。

教学目标则是关于教学过程的目标。它是教学实施者根据培养目标制定的实施性教学要求。因此教学目标具有可操作性，以反映课程的教学要求、规定具体的学习达成目标为重心，是制订课程教学方案、实施教学和评价教学的基本依据。

科学教育的理念、目的，以及具体的培养目标和教学目标都是构成科学教育目的系统的基本要素，它们虽然有着不同的范围，但都是指导科学教育实践的重要依据。

（三）科学教育理念的发展变化

20世纪中叶以来，在科学教育的变革发展过程中，西方国家的科学教育理念和目的发生了三次较大的转变。

第一次转变发生于20世纪50到70年代初，这是现代科学教育理念更新的第一个重要转折点。引发这次科学教育理念转变的动因主要来自两大方面：一是科学技术的急剧发展使学校教育与社会需要之间产生不相适应的矛盾，社会发展迫切要求改革学校科学教育；二是当时东西方两大阵营的对垒，使科学技术的竞争演化成为科学教育质量的竞争，转变教育观念、提高培养成效成为科学教育革新的新要求。这一次转变的突出特点就是传统的以生活教育为中心的科学教育全面转向于以学术价值教育为中心的科学教育，形成了科学教育的三大新理念：

（1）以培养"卓越人才"为目的。即是把发展智能、培养获取知识的能力作为科学教育的中心理念。例如，美国教育心理学家布鲁纳就曾在《教育过程》一书中提出了指导教学的四项原则：①学习任何学科，主要是使学生掌握这一学科的基本结构，同时也掌握研究这一学科的基本态度和科学方法；②任何学科的基本原理都可以用某种形式教给任何年龄的任何人；③过去在教学中只注意发展学生的分析思维能力，今后应重视发展直觉思维能力；④学习的最好动机是对所学材料本身发生兴趣，不宜过分重视奖励、竞争之类的外在刺激。

（2）以理解科学知识的学术价值为中心。这使得当时的科学课程格外突出"学术中心"，深入学习科学的概念、原理，广泛认识现代科学发展的新成果、新观念是那时科学课程的最重要特征。美国当时编写的PSSC物理、CBA化学、CHEMS化学、BSCS生物、ESEP地学、HPP物理（哈佛物理学计划KS－APA（科学－过程探究），英国的纳菲尔德系列科学教材，日本中学的理科各学科教材无一不把掌握科学概念和原理，形成科学知识的基本结构摆在中心地位，深、难、多是当时科学教材突出的特点。

（3）以培养探究发现的能力为归宿。这使得当时的科学教学重视科学探究技能和科学方法的学习和应用训练，并产生了许多以探究和发现为特征的教学法，像布鲁纳提出的发现法、施瓦布提出的"探究学习"教学法，美国科学促进会提出的过程技能教学，科南特（Conant J B）创立的"科学史例法"，瓦根舍因（Wagens-chein M，1896—1988）等人提出的"范例式教学"，以及"分组区别教学"、"假说实验作业法"就是这一新理念在教学方法方面的典型代表。

第二次转变是在20世纪70年代中期到80年代初期，这一转变是在"回归基础"运动和"生计教育"的背景下完成的，以学科为中心的"科学的教育"开始转向于"有关科学的教育"，形成了拓宽科学教育范围之势。这一转变带来了科学教育重视学科交叉，加强与相邻学科知识的联系，联系社会和探讨解决现实生活中的科学问题的新取向。注重跨学科教育成为这一时期科学课程和教学革新的特征。

第三次重大转变发生在20世纪80年代初迄今以来的科学教育发展过程中，是在蓬勃兴起的以微电子技术、生物工程、海洋技术、航天技术、能源技术、环境保护等为代表的新技术革命浪潮的背景下产生的。其特点是从跨学科的科学教育全面转向培养科学素养的科学教育，追求科学、技术和社会（STS）相联系教育是这一新理念的重要特征，并具体体现在以下三个方面：

（1）通才培养观，强调适应科学技术普及化的趋势，培养具备科学基本素养的"通识型"的人才。这种人才应当拥有广泛的适应能力，探索的精神，科学的态度和解决问题的品质，以及科学的世界观和判断力。

（2）STS的教育观，强调科学教育必须把加强科学、技术与社会（STS）之间的联系，认识科学技术的社会价值作为教育的核心，由此带来了科学教育注重结合社会和现实生活中的科技问题来学习科学技术知识，培养学生探究解决实际问题的技能，培养科学思考和评价、决策能力的新特点。

（3）综合的学习观与课程观，主张采取学科综合的方式来学习科学知识和编制科学教材，把那些与人类社会发展密切相关的综合性科学问题，如能源、人口、工程、环境、资源利用、国防与太空、科学社会以及技术发展的影响等方面的问题作为科学课程的内容主题，让学习者在综合考察科学、技术、社会的氛围中学习科学知识，认识科学过程，了解科学方法，理解科学的价值。由此带来了综合科学课程的兴盛，如英国的《社会中的科学》（SIS）、《社会背景中的科学技术》（SISCON），美国的《社会中的化学》（CHEMCOM）等。

20世纪90年代以来，在科学技术高度发展和信息社会到来的影响下，社会的生产力迅速发展，知识化程度大幅提高，文化发展呈现出多元化的趋势。这些新变化促使科学技术和社会需求之间的联系愈来愈紧密。过去国际的经济竞争主要表现为以产业为基础的科技竞争，而今天已演化为以智力资本为基础的教育质量的竞争，一个以终身教育、知识创新学习和跨文化交流为特征的教育化社会悄然来临。1996 年，国际 21 世纪教育委员会发表关于未来教育发展趋向的报告，提出了面向 21 世纪的学校教育要高度重视培养"学会生存、学会关心、学会做事、学会生活"能力的主张。欧洲经合组织（OECD）的教育改革计划也提出，为了面对新时代的挑战，必须培养具有自主、积极、进取和开拓精神，有健康的身心、丰富的个性，有高度适应与应变能力，有国际视野和全球合作精神，对人类的共同福祉有深切关心之心，善于自律，能与他人合作，能积极参与社会发展和变革的现代公民。强化科学与人文交叉、融合，跨涉更大的教育范围，为培养适应未来社会需要的高素质人才服务成为新世纪科学教育革新的重要趋势。在此背景之下，世界各国纷纷加大了学校科学教育改革创新的力度，由此带来了科学教育的诸多新思维和新理念：

（1）以人为本、突出科学教育的育人价值，以培养和发展人的科学素养为宗旨，把培养具有创新精神、创新意识和探究能力的人作为科学教育的重要目标。

（2）理解科学的价值和过程，强调科学教育的目的是认识科学，理解科学和促进科学与人文相融合，能够运用科学解决实际问题。

（3）体现科学、技术与社会的联系，从"科学的教育"转向"有关科学的教育"，理解科学技术的社会价值，促进科学课程和科学学习与社会实践相联系。

（4）扩展科学教育的领域，反映现代科学技术发展的成果，突出科学教育的广博性和普及性，认识科学的本质。

纵观当今世界范围内的科学教育革新发展趋势，可以清晰地看到，科学教育革新发展的一个突出特点，就是着眼于适应信息时代社会变革发展的需要，以面向科学技术的新发展，面向学生未来的生存需要和社会建设对人才素养的新要求来重构学校科学教育的价值体系和指导思想。由此带来了当代科学教育对理解科学知识本质，认识科学与社会、与生活的联系的高度重视，以人为本，倡导理解、协作、交流和探究教学成为学校科学教育理念的核心所在。

（四）我国科学教育的发展与教育理念的变迁

我国的科学教育理念从近代伊始就有注重基础、强调运用的特点。例如，《奏定中学堂章程》所设的"物理及化学"科就提出："讲理化之义，在使物质自然之形象并运用变化之法则，及与人生之关系，以备他日讲求农工商业及理财之源。"1923 年国民政府颁布的《初级中学自然课程纲要》提出："①使知自然界的现象及其相互关系，以培养基本的科学知识。②使知自然界与人生的关系。③使知主要的自然律。④使知利用自然的方法。⑤养成研究科学的兴趣。"1948 年颁布的《中学课程标准》中的"理化科"也提出了"注重自然界理化现象、知识及日常应用之物理器械，与化学制造之教学与实验"。由此可见当时科学教育理念与目标的特点。

新中国成立以来，我国的基础科学教育在演进发展的道路上历经曲折，科学教育的理念也随之产生了四次较大的转变。

第一次是 20 世纪 50 年代，其教育理念转变的突出特征是在改造旧中国教育制度的基础上，学习苏联的教育体制和经验，确立了以注重科学基础知识和基本技能教育，强调知识学习以系统性为核心的科学教育理念，这就是深刻影响我国基础科学教育达半个世纪的"双基"教育观。"双基"理念的确立，为我国中小学各学科教学大纲的制订和教材的编写提供了指导思想，重视科学基本概念、基本原理知识的学习，强调理解和巩固知识成为编写中小学各科教材的重要依据。当时的理科各科教学大纲还把掌握基础知识、基本技能和培养学生的辩证唯物主义世界观，进行爱国主义和国际主义教育作为教学的基本目的。

第二次重大转变是 60 年代初期，在"调整、巩固、充实、提高"的方针下，1963年制订的中小学各科教学大纲颁布，加强"双基"、重视培养学生分析问题和解决问题的能力成为当时科学教育发展的新理念。例如，《全日制中学物理教学大纲（草案）》的教学目的就不仅提出了要培养学生的实验能力（包括实验技能、实验修养）和物理计算能力，还提出要重视培养学生应用所学知识解决实际问题的能力，以及分析、推理和想象的能力。培养科学能力成为这一次科学教育理念转变的突出特征。

此后，从 1966 年到 1976 年，由于"文化大革命"，教育遭受前所未有的重大破坏。极"左"的实用主义思想严重地影响并阻碍了教育的发展，科学教育被取消，物理、化学被合并成为"工业基础知识"，生物等科则被合并成为"农业基础知识"。"三机一泵"（拖拉机、柴油机、电动机、水泵），"土、肥、保"（土壤、化肥、农业保护），"三酸二碱"成为当时科学课程的主体内容。

第三次重大转变是 70 年代末期到 80 年代后期，在经历十年"文化大革命"的曲折后，教育复苏，在反思的同时经过拨乱反正，促进了科学教育理念的新转变。注重基础、培养能力、实施素质教育成为这一时期教育理念转变的重要特征。在此理念下，我国中学科学教育的目的也开始全面转向以培养科学的能力为重心，各科教学大纲都把培养和发展科学思维的能力，观察、实验的能力和自学的能力作为教学的基本目的，化学学科还提出了培养学生创新精神的要求。

在科学能力培养观的主导下,课程的理念首先发生了变化。中学理科各科在制订教学大纲时,都一致提出了要用"先进的科学知识教育学生",用"现代科学的知识充实教学内容","努力实现教学内容的现代化"的课程编制理念,并把反映现代科学技术的新成果和发展趋势,渗透科学发展重要观点和思想,应用新方法的先进实验等作为编选科学教学内容的原则。大批新型科学知识随即进入各科教材之中。例如,当时新编写的高中物理教材就编入了人造地球卫星、半导体、激光、核能等新知识,并介绍了统计观点、波粒二象性等近代物理的观点。化学教材编入了原子结构理论等方面的知识。尽管这些新理念的产生有百废待兴、国家迫切需要加快培养科技建设人才的时代背景,但今天看来,以学问教育为中心是这次科学教育理念转变的一个突出特点。由此也带来了注重知识学习的系统性、强调掌握学习和巩固知识的科学教学观的盛行。

第四次重大转变是在 90 年代以来,在面向未来的基础教育课程改革新浪潮中形成了以培养科学素养、重视科学探究为核心的科学教育新理念。由此带来了三大方面的新转变:一是科学教育的目的观发生转变,以人为本,面向全体学生,立足于人的科学素养发展,培养创新精神和实践能力成为学校科学教育的中心理念;二是科学教育的课程观念发生转变,体现普及性、基础性和发展性,加强课程与社会科技发展的联系,密切联系学生的生活和经验,增进学科之间的联系,加强跨学科综合学习成为新课程的突出特点;三是科学教育的实施观念发生转变,认识科学的价值,理解科学的过程和本质,培养科学探究的能力和科学的情感、态度与价值观成为科学教学的新要求。这些转变突破了传统"双基"教育观的局限,深刻地影响着我国基础教育阶段科学教育课程的发展。

二、科学教育的目标和任务

(一)科学教育目标和任务的含义

科学教育的目标是人们为实现一定的教育目的而设置的各项教育要求,它反映社会尤其是国家对于实施科学教育的价值取向和科学教育应达到的具体培养要求。因此,科学教育的目标是教育目的的下位概念,它受着一个国家教育方针或者教育目的的制约,并受一定时代背景下的教育改革发展新理念、新要求、新措施的影响。一般来说,科学教育的目标是与科学教育的任务紧密联系在一起的。有什么样的目标就有什么样的任务，目标是任务的内涵，任务是目标的体现。目标规定任务的性质、范围和限度，任务则呈现目标的要求。另一方面，目标往往指向受教育者，而任务则主要指向施教者。作为未来的科学教师，我们不仅需要了解教育的目标，更要通过目标明晰我们自己的施教任务。所以，本门课程把科学教育的目标和任务联系在一起表述。

在实践过程中，科学教育的目标起着具体表征科学教育目的，界定科学教育性质，规定教育范围及要求的作用，它以国家的科学教育政策为依据，并在一定科学教育理念的指导下具体呈现科学教育的培养要求，规定科学教育的范围，表达科学教育的达成限度。因而科学教育的目标通常要包含两大方面的内容：

（1）教育的价值取向和实施的范围、特征。例如，《科学课程标准》提出的"科学课程以提高每个学生的科学素养为总目标。通过本课程的学习，学生将保持对自然现象较强的好奇心和求知欲，养成与自然界和谐相处的生活态度"就反映了课程的教育价值取向。其中所提出的科学探究（过程、方法与能力），科学知识与技能，科学态度、情感与价值观，科学技术与社会的关系等分目标表达的是实施的范围。而在"科学知识与技能"分目标中详细列出的"统一的科学概念和原理、生命科学领域、物质科学领域"内容项目则是具体的学习要求。

（2）培养的具体要求和达到要求的具体方式及程度。例如，当我们提出"通过科学教育培养学生的科学能力"的目标时，就必须明确地表述为"发展观察现象和提出问题的能力，增进对提出问题意义的理解"，这里的"观察现象"就是具体的方式，而在"科学、技术与社会的关系"中提出的"初步认识社会需求是科学技术发展的强大动力"中的"初步认识"就是关于达到程度的要求。

一般来说，科学教育的目标也可进一步分层次或者细化。例如，我国的科学课程标准中就把"课程目标"细化为"总目标"和"分目标"两个部分。前者反映科学教育的总体要求，后者具体表征实施的领域、要求和达到程度。

（二）科学教育目标内涵的变化

科学教育目标虽然具有人为规定性的特点，但它的内涵构成却深受社会及教育目的的影响。纵观 20 世纪中后叶以来科学教育目标和任务的演变，可以看到其内涵的变化是以反映科学技术和社会发展对人才的培养观念为特征的，价值取向的变化是根本。而且在其演进中这个价值取向始终围绕着如何培养和造就与社会发展需要相适应的人这一焦点，并摇摆、平衡于学问中心、精英人才培养观与科学素养中心、通识人才培养观这两种科学教育价值取向之间。

在精英人才培养观的主导下，学校科学教育的中心任务是为培养未来的科技人才输送合格的新生，即以培养有专业素养的科技后备人才为己任。因此，学问中心理念下的科学教育任务以训练获取知识的能力和探究的技能为特征。而科学素养的人才观则强调面向所有的人，以发展和提高人的科学基本素养为目的，以培养合格的社会公民及建设者为基本任务。所以，科学素养培养理念下的科学教育则以理解科学过程，养成科学精神、态度与价值观为施教的基本任务。

这两种理念下的科学教育目标和任务的构成也有差异。以培养精英人才为目的的科学教育强调以掌握科学知识的基本结构和培养获取知识的能力为目标的核心。例如，英国 20 世纪 60 年代的纳菲尔德科学教育计划提出的教育目标就包括：①科学方法的指导与获得；②理解与科学基本根据相关的知识内容；③照顾学生的发展阶段特点；④符合社会变化的要求；⑤符合教师的兴趣与能力。美国 20 世纪 60 年代著名的体现精英教育理念的 CBA 化学也在促进学生理解化学的学术价值的课程理念下提出了三项具体的目标：①使学生懂得科学观在科学认识中的作用，发展学生的想象力；②激发学生通过探究去掌握那些曾对建立化学理论起过巨大作用的科学思想和科学途径；③让学生建立论证化学知识的思路，认识和解释错误产生的根源。我国过去的理科课程所确立的培养目标也反映了这一特征。例如，我国 1978 年的中学化学教学大纲就提出了"使学生牢固地、系统地掌握化学基础知识和基本技能，初步了解它们在工农业生产中的应用；培养分析和解决一些简单的化学实际问题的能力；培养辩证唯物主义观点"的教学目的。

而以培养通识人才为目的的科学教育目标则更重视人的全面发展，把培养会学习、会推理、会创造性思维、会作决策、能决善断、会解决问题的人作为根本所在，强调培养学习者对科学的认识、理解和正确运用，强调形成科学的世界观，理解科学的基本概念和原理，养成科学探究的习惯，培养创新的意识、探索的精神和实践的能力，并能够运用科学知识和方法处理所面临的实际问题。例如，美国的《国家科学教育标准》就提出，学校科学教育的目标是培养学生能"由于对自然界有所了解和认识而产生充实感和兴奋感；在进行个人决策之时恰当地运用科学的方法和原理；理智地参与那些就与科学技术有关的各种问题举行的公众对话和辩论；在自己的本职工作中运用一个具有良好科学素养的人所应有的知识、认识和各种技能，因而能提高自己的经济生产效率"。我国的《科学课程标准》也充分反映了科学教育目标内涵的这些变化和特点。

(三) 我国基础科学教育的目标和任务

在这一轮基础教育课程改革中，中小学科学教育的理念和培养目标都发生了新的变化，突出的特点就是充分反映科学技术进步和社会发展对受教育者的新要求，把培养和提高学生的科学素养作为实施科学教育的总目标。概括来说，就是通过科学教育，让学生体验科学探究活动的过程和方法，发展初步的科学探究能力，培养学生良好的科学态度、情感与价值观，使学生初步认识科学的本质以及科学、技术与社会的关系，形成保护自然的意识和社会可持续发展的意识，培养社会责任感，养成健康的生活方式，合理地解决个人生活、工作和社会决策中所遇到的问题，并为终身发展奠定基础。这一总目标包含以下一些具体的内涵：

1. 增进对科学探究的理解，培养科学探究的能力

科学探究是科学的基本特征，也是学习科学的中心环节。纵观科学兴起与发展的历史，无论是早期牛顿力学的建立，还是近代爱因斯坦相对论的创立，科学探究都是成就科学发现的必由之路。因此，把科学探究作为科学教育目标的重要构成，对于培养受教育者认识科学的特征，理解科学的过程，学习科学的方法，激发他们对自然的好奇心和对科学的求知欲，养成科学探究的意识、培养科学探究的能力有着极为重要的价值。

"增进对科学探究的理解"是这一目标构成的第一个方面，其目标要求的实质就是通过实施科学教育，使受教育者逐步形成和提高对科学探究特点的认识与理解。在实施过程中，应当注意体现出以下几方面的具体要求：

(1) 增进对科学探究特征和过程的理解。科学教学要重视培养学习者理解科学探究为什么要提出问题，并通过分析问题增进他们对问题本质、问题产生的意义和解决问题的价值的理解，同时也要通过实践让学习者懂得科学探究是一个运用科学知识解决实际问题的实践过程，这一过程由收集解决问题的资料，提出解决问题的假设，运用推理或者设计实验来检验假设，获得探究的结果和进行科学解释，以及报告探究的结论、进行交流等环节构成，并能够针对实际问题选择和组织探究解决问题的过程。

(2) 增进对科学探究方法的理解。一方面是增进学习者对运用科学概念、原理、定律和理论知识解决问题的方法的理解，另一方面是增进学习者对科学探究中各种解决问题的方法和技能的理解，如比较、分类、类比、分析、归纳、演绎、证明等科学逻辑的方法，观察、实验、假说、模型、预测、科学抽象等综合性的科学方法，以及各门自然学科中专门的科学方法，如物理学中的图像分析方法，化学中的物质制备方

法、物质鉴别方法，生物学中的动植物分类法、解剖方法等。

（3）增进理解科学探究在科学实践中的价值。目的是让学习者在认识科学探究对于促进科学发现、解决实际问题中的重要作用的同时，培养他们的探究意识和养成探究学习的习惯。

"培养科学探究的能力"是这一目标的第二个构成方面。对于初中科学教育来说，要培养的科学探究能力主要包括提出问题、收集信息资料、提出猜想或假设、设计探究计划的能力，以及运用科学方法检验假设、获取科学探究证据的能力，同时也包括概括科学结论、进行科学解释、评价和交流的能力。可以说，培养科学探究的能力对于提高学习者的科学素养有着极为重要的作用。

2. 学习科学知识，掌握科学的技能

重视科学基础知识的学习一直是我国科学教育的优良传统，但随着科学教育的变革发展，科学知识和技能学习目标的内涵有了新的变化，与过去相比，目前更重视理解与运用，尤其是理解科学知识的本质和科学知识的实际用途。因此，建立在这一理念下的知识、技能目标更加突出与解决实际问题，与社会和生活的密切联系，要求学生通过学习认识一些简单的自然现象，理解一些基本的科学事实、概念、原理和规律，知道这些知识概念和规律在实际中的应用，并能够运用这些知识探究解决实际问题、作出科学合理的解释。

掌握一些科学的技能也是培养和提高学习者科学素养的基本要求。作为科学教育目标构成的科学技能着重以培养学习者掌握实验、控制变量、观察测量、数据记录、解释数据和评价、推理、预测、报告及交流与传达等一类科学探究的技能。

3. 养成科学的态度、情感和价值观

科学课程把培养学生的科学态度、情感和价值观作为一项核心目标，是我国科学教育观念的一大重要变化。这一目标设立的意图就是期望通过科学课程的学习使学习者认识科学态度、情感和价值观的内涵，形成良好的科学态度、情感和价值观，能够在处理具体问题的过程中秉持理性的态度。

这一目标的主要内容侧重在以下几方面：

（1）培养和发展学生对科学的热爱和兴趣。在科学课程的教学中，要注意培养学生乐于探究科学的奥秘，在体验科学探究的过程中感受探究的艰辛和喜悦，从而逐步养成热爱自然，珍爱生命，与自然界和谐相处的生活态度和增进保护环境的意识。

（2）培养和发展学生对科学的认识和关切之心。不仅要重视培养学生对科学技术发展的关心，也要培养他们尊重科学，逐步养成创新意识和用科学来看待世界、反对迷信的良好习惯。

（3）培养社会责任感，树立运用科学技术知识为国家和人民服务的意识。尤其是在增强他们的社会责任感的同时，要培养他们敢于依据客观事实提出自己的见解，能听取与分析不同的意见，并能够根据科学事实修正自己的观点，初步养成善于与人交流、分享与协作的习惯。

4. 理解科学、技术与社会的相互关系

在现代科学技术急剧发展的背景下，加强科学、技术与社会相联系的教育也成为当今科学教育革新发展的一个重要趋向。在初中科学教育中，这一目标以培养学生理论联系实际的作风、参与社会决策的意识、形成可持续发展观念为基本特征，包含以下几方面的培养要求：

（1）通过学习科学初步认识科学和技术相互促进的关系，初步认识社会的需求是促进科学和技术发展的强大动力。

（2）让学生了解科学技术在社会发展中的价值，尤其是科学技术在促进当代社会经济发展中起决定性作用的价值，认识科学技术是第一生产力。

（3）让学生了解科学和技术也会对自然、人类的生活以及社会产生负面影响，初步懂得实施可持续发展战略的意义。

（4）通过多方面的事例了解到科学技术不仅起着推动物质文明进步的作用，也起着促进精神文明的建设与发展的作用，认识到科学技术是一项重要的社会事业，每一个公民都应该关心并有权利参与这项事业。

三、科学课程的类型

现代科学教育在自身的发展过程中产生了种类繁多的科学课程，如学术中心课程、跨学科课程、综合科学课程、探究性科学课程等等。这些形态各异、特性不同的科学课程既是科学课程观念革新的产物，也是科学技术和社会发展影响学校科学教育的结果。

（一）学术中心课程

学术中心课程，也称为学问中心或者学科中心课程。所谓"学术中心"是指课程以一门学科的"学问"作为学习的中心，把追求科学知识的学术价值作为课程教育取向的核心所在。因而学术中心课程极为重视以科学基本概念和基本原理作为学习的中心和形成知识结构的中心，强调知识的学习顺序要符合学科的逻辑顺序，突出推理性和掌握科学知识的基本结构。

另一方面，学术中心课程在教材的编制中还极为注意按学生的认知发展特征来设定知识结构的学习顺序，并强调在穿插运用探究学习方式的同时，以螺旋上升的形态来组织知识的学习过程。

（二）跨学科课程

所谓跨学科科学课程，有时也称为超学科课程，这是一种以跨学科方法来构建的科学课程。它的主要特点是把至少两个不同学科或者不同科学领域的知识、方法等融合为一个新的知识学习体系。实质上，这种课程也是一种综合性的科学课程。常见的跨学科课程主要有两种类型：

（1）学科间交叉。它主要以不同学科内容之间的相互交错或交叉来构成知识学习结构，如化学与环境、生物与资源保护的交叉融合就属于这种类型。

（2）学科内交叉。这是在一个学科内的各分支知识领域之间进行的交叉融合，如化学学科中有机化学知识与生物化学知识交叉，环境化学知识与资源化学知识交叉融合就属于这种类型。

例如，1973 年美国马里兰大学编写完成的中学化学教材——《跨学科探讨化学》（IAC）就以化学基础知识为中心，通过无机化学、有机化学、环境化学、生物化学等相关知识讲授了与社会相联系的某些化学问题，如能源、人口、粮食、环境方面，以及理解技术的应用、应对社会问题的对策、需要什么样的科学价值观等方面的知识。

除上列跨学科科学课程外，美国佛罗里达大学开发的《跨学科环境教育》（IEE）、威斯康星大学开发的《环境教育程序》（EEP），英国提出的"学校委员会综合科学计划"（SCISP），澳大利亚制定的《自然科学综合性材料计划》（NSCM）等新科学课程或教育计划也都具有跨学科课程的特点。

（三）综合科学课程

这是现代学校科学教育中有着广泛影响的一类科学课程。这类课程的特点是以强调科学知识的统一性，主张模糊学科界限、用知识融和的方式来建构课程的内容体系。由于融合的方式和融和的程度各有不同，综合课程也有不同的类型。常见的有联合型综合课程、混合型综合课程、融合型综合课程、主题型综合课程，以及像 STS 课程、探究性综合课程、环境教育课程等一类以内容取向来定位的综合型科学课程。

（四）模块式课程

模块式课程严格说是课程设置的一种构成形式，也称为"组合课程"。这种课程的一个重要特点是以"课程系统"的方式形成课程的设置结构，整个课程系统由若干体现不同教学目的要求和内容特色的课程模块组成。每一个模块都是课程系统的一个组成部分，每一个模块课程都可以有独自的知识体系和内容特色，能够为完成总课程所提出的目标和要求服务。因而，采用模块课程有利于加大教学的针对性和选择性，可为不同的学校、不同的教学对象和不同专长的教师选择不同的内容组合，实施具有不同针对性的教学提供方便。这种模块式构建课程的方式有利于解决学校科目设置相对稳定与现代科学迅猛发展带来学习内容激增之间的矛盾，也有利于学校充分利用教师、场地、设备等资源，为学生的发展提供更加丰富多样的课程，并有利于学生自主选择课程，及时调整学习需求和形成富有个性化的课程学习计划。

在我国新世纪之初的基础教育课程改革中，高中各学科的课程设置就采取了以"模块"来构建课程的方式。新的高中课程的每一个科目都由若干必修、选修模块组成，每一个模块都有明确的教育目标，都有对教师教学行为和学生学习方式的要求，而且每一个模块也都围绕某一特定的主题来构建学习内容，模块之间既相互独立，又反映出学科的内在逻辑联系，使模块能够达到整合学生经验和社会生活内容，形成相对完整的学习体系的目的。

此外，人们在研究和发展科学课程的过程中还有其他的一些划分方式，如依据构造课程时的认知特征，把科学课程划分为学问中心课程、学生中心课程和社会中心课程，以及核心课程、广域课程，或者显在课程与潜在课程等。

第二章 核心素养与世界教育变革

在世界教育历史上，可以说教育都是围绕核心素养展开的。只不过在不同的历史时期，人们对核心素养的认识是不同的。具体来看，核心素养会围绕当时的社会主流思想展开。例如在古希腊时期，教育活动主要是围绕如何培养优秀的政治家；而在文艺复兴时期则是社会精英的培养。

第一节 古 希 腊 时 期

古希腊是西方教育的起源时期，教育活动从起源、确立到体系化，经历了两百多年时间。从这个时间产生的教育思想、主张、学说之中可以看到其核心问题是探讨如何培养一个优秀的政治家。

一、政治家培养的必要性

苏格拉底强调指出，与医术、骑术等一样，政治也是一种专门的技艺，需要专门的知识和能力。他说，君主和统治者并"不是有王权的人，不是偶然选中的人，不是攫取财富的人，不是使用强权或骗术的人，而是有统治知识的人"。因此，要成为真正的政治家，就必须广泛学习各种知识（特别是政治知识）。苏格拉底曾告诫自己的学生，要想从政并获得成功，应当不断学习各种有关政治的知识，不断进行实践。否则，不但会给自己造成不幸，而且会给国家带来灾难。可以说，苏格拉底比智者派更为明确、深刻地认识到了政治家培养的必要性和重要性。

柏拉图进一步发展了苏格拉底的思想，更为系统地论证了政治家培养的必要性。"哲学王"思想的提出，实际上说明，柏拉图把雅典城邦危机的根源完全归结为缺乏有德行、有能力的统治者，因而把建立哲学王的统治当作克服危机的唯一途径。

亚里士多德一方面继承了苏格拉底，特别是柏拉图的政治知识化和专业化的思想，另一方面又修正了柏拉图的"精英统治"的主张。与柏拉图一样，亚里士多德也认为，统治和治理国家是一项极其艰巨的工作。它需要一种科学的指导，从而运用合理选择的手段达到道德上有价值的目标。

二、政治家应具备的核心素养或者品质

政治家在城邦政治生活中的重要性，决定了政治家培养的必要性。随之而产生的问题是：应当培养什么样的政治家，或者，一个理想的政治家应当具有什么品质？比起政治家培养的必要性，这个问题具有更为重要的意义。这里政治家应具备的品质，也就是我们讨论的核心素养。核心素养或者品质涉及政治家培养和教育的方向、内容、方法、组织等一系列重大问题。

普罗泰戈拉认为，一个从事政治活动的人应当具有政治品德。而政治品德的核心是廉耻和公正，至于什么是廉耻和公正，普罗泰戈拉则采取了相对主义的态度。柏拉图在《泰阿泰德》中记载："普罗泰戈拉主张，在政治方面，所谓正义与非正义，荣誉和可耻，虔诚和亵渎，事实上是法律使然的，是各个城邦自己这样看的凡一国视为公平正义者，只要它信以为然，那就是公平正义的。"

这种主张以后为高尔吉亚和斯拉斯马寇等智者所发展。智者们强调政治家应当具有德行，但他们通常把道德当作相对的、人为约定的东西，不承认存在着普遍的善，普遍的道德，只承认有个别的道德。须要指出的是，智者派的思想中已经包含了明确的"自然的"与"人为的"对立的主张。

关于政治家所应具备的另一方面品质（即知识），智者们的主张同样具有特点。根据智者派的观点，作为一个政治家，必须具有多方面的知识修养，以便对政治、法律、道德有广泛的了解，对具体事务作出恰当的判断。因此，智者派所传授的知识通常是较为多样的，主要包括政治知识、科学、音乐等等。但是，由于智者派对知识和真理的感觉主义、相对主义的思想倾向，实质上，他们对知识的具体内容的关注远不及对表达知识的技巧的重视。这也就是他们强调三艺教学的基本原因之一。也就是说，在智者派看来，他们认为人们最应该具备的是辩论的技巧，而非是单纯的掌握知识。

在智者派看来，由于"人是万物的尺度"，因此，个人就是一切，个人就是真理。一个人的主张有无道理，不在于是否与事实相符，而在于雄辩，在于语言和修辞的力量，而在辩论中，语词和概念的运用，是非常关键的，因而，智者们通常对语词、逻辑进行系统的研究，并把这种研究传授给学生。他们教人如何进行辩论，如何从事物

中找到正面和反面的理由，如何突出需要的观点而掩盖不利的观点，如此等等。

与智者派相同的是，苏格拉底也认为，一个理想的政治家应当同时具备美德和知识。苏格拉底毕生教人从善，行善，把"灵魂的最大改善"作为人生的首要任务。在他看来，道德是政治性，而政治又是道德性的。至高至大的美德就是政治美德。苏格拉底把这种美德看作管理城邦事务的艺术，正是借助于这种艺术，人们才能成为优秀的政治家、统治者，从而为国家和其他公民作出贡献。与智者派不同的是，苏格拉底强调道德的普遍性和统一性，他认为，存在着一种"包括一切的普遍的美德"。关于政治家应具备何种知识的问题，苏格拉底也提出了与智者派截然不同的主张。首先，他认为，一个政治家、统治者应具有特殊的知识和才能，应具备治理国家的才能，懂得如何治理国家，而最重要的能力和知识就是"认识自己"。而要认识自己，仅仅凭借感觉是不行的，而应依靠心灵、思维和理性，从而进入"纯粹的、永恒的、不朽的以及不变的事物的领域"。易言之，只有运用理性，达到概念的、真理的认识，才能真正"认识你自己"，从而产生正确的行为。

此外，苏格拉底主张，一个政治家还应学习广博和实用的知识。他要求未来的治国者学习天文学、算术、量地学等知识，并且善于持家。苏格拉底认为，"管理个人的事情和管理公众的事情只是在大小方面有差别，在其他方面彼此是很相类似的"。

柏拉图继承并进一步发展了苏格拉底的上述思想。在他看来，一个哲学王不仅应当具有超群出众的天赋，而且应当具备非凡的才学、智慧和完美的品德，并且受到最为完备的教育和训练。在所有教学科目中，柏拉图最为重视的是哲学（辩证法）。柏拉图把辩证法作为最高的学科，作为指导人们认识至高无上的理念的学科，作为使人类的智慧能力发展得更趋完善直到能用纯思辨（思考、沉思）来把握"事物本身、看到绝对实在的科学"。

在柏拉图之后，亚里士多德继续探讨了统治者的品质问题。但与柏拉图不同的是，由于亚里士多德更为强调法治在国家生活中的作用，由于他主张由中产阶级而不是由少数"贤人"进行统治，因此，他似乎不像柏拉图那样注重统治者个人的品质。与柏拉图一样，亚里士多德也主张对未来的统治者进行全面、广泛的教育，并强调发展理性的重要作用。但与柏拉图不同的是，亚里士多德认为，一个自由民、一个政治家除应具备各种德行以外，还应当具备一种基本的德行——中庸之道或"中道"。他指出，所谓"中道"，就是"适度"和"适中"，就是"无过与不及"。

在希腊教育思想发展的不同时期，由于政治现实的不同以及思想方法上的差异，教育思想家们对统治者所应具备的品质的认识存在着明显的区别（也可视为一种发展），但从总体上看，这些不同的思想之间是存在着有机联系的，它们都是在不同程度地借鉴前人思想的基础上而形成、阐发的。不同思想之间的差异并不只是对立，而是继承前提下的扬弃。在前后相继、差别很大的时期，思想家们所以孜孜不倦地对同一个问题进行持续的探讨，正说明这个问题在当时社会政治生活中的中心地位，在政治理论和教育理论中的中心地位。

三、希腊教育思想的基本内容

围绕着政治家培养这个中心议题，希腊教育思想家们对一系列教育的基本问题进行了广泛的思考，从而形成了古希腊时期丰富的教育内容。从总体上看，希腊教育思想家们所着重探讨的教育的基本问题包括个人与社会的关系，知识与道德的关系，自由教育（知识的实用价值与自由价值的关系），认识与教学的关系，等等。

（一）个人与社会的关系

如何认识个人与社会的关系，首先是一个道德、政治问题。但是，由于这个问题涉及社会的基本价值观，因而必然地反映到教育领域，并成为教育的重大课题。

在希腊文化发展的早期，希腊社会所盛行的是一种整体的价值观。《荷马史诗》中虽然通过描写阿喀琉斯、奥德修斯等人的形象，肯定了个人对财产的要求，肯定了个性的价值，颂扬个人的力量、智慧、信念、欲望，但更为强调的是热爱祖国，热爱家乡，为民族、为集体奋斗牺牲的精神。

在《荷马史诗》之后，从赫西阿德的《工作与时日》、《伊索寓言》到梭伦，一直到毕达哥拉斯、赫拉克利特、伯里克利，希腊文化和道德的精神基本上仍然保持着荷马时代的遗风：一方面肯定个人对财富的追求、个人的价值、个人的幸福，另一方面强调个人对家庭、对城邦的义务，崇尚为他人、为城邦自我牺牲的精神。当时流传的一句格言可以说明这个时期的文化精神：离开城邦，非神即鬼。它要说明的意义是：人只有在城邦中，通过城邦，为了城邦，才可能获得幸福、得到发展。

希波战争结束后，希腊社会原有的道德观念和价值标准受到挑战。现实促使人们深入思考一系列政治、道德问题。由于人们思考问题的角度和出发点不同，对相同的问题产生了不同的结论，形成了三大不同的思潮：一是以戏剧家阿里斯托芬和色诺芬为代表的保守主义，一是以智者派为代表的个人主义，一是以苏格拉底、柏拉图等人为代表的理性主义或普遍主义。

以阿里斯托芬、色诺芬为代表的保守主义，对希腊社会中出现的各种新变化，持一种批评和否定的态度。他们认为，希腊社会中盛行的人人追求名利、权力、财产的个人主义，是一种道德的沦丧和城邦的灾难。他们或是要求回到过去的时代，认为那是人类的黄金时代，或是要求学习斯巴达人稳定不变的社会秩序。具体到教育上，保守主义或是主张恢复原有的教育体制，或是主张借鉴斯巴达和波斯的教育。

与此相反，智者派则极力宣扬个人主义，要求摆脱法律、制度对个人的束缚。智者高尔吉亚在《海伦赞》中通过为海伦的辩护，宣扬了个人情感和欲望的合理性。安提丰进一步发展了智者派的个人主义思想。他认为，人的自然本性高于法律。法律虽然是城邦生活的准则，任何人不得违反，但它毕竟是建立起来的事，而自然本性是必然的事。智者派要求社会为个人利益和发展创造条件。或者说，教育应以个人发展为最高目的。

与智者派一样，苏格拉底也着重探讨了幸福、道德等重大问题。他赞成"人是万物的尺度"这个命题，但又认为，这里所说的"人"不是指个别、具体的人，而是普遍的人类存在。在苏格拉底的观念中，普遍利益是高于个人利益的。但在另一方面，苏格拉底也不完全否定功利，他主张使人"美好幸福地生活"，并认为幸福本身就是善，只要有道德，就能获得人生的幸福。因此，道德既作为目的而存在，又作为一种手段而发挥作用。

这种倾向同样显著地存在于柏拉图和亚里士多德的思想中，只不过侧重点有所不同。早期柏拉图所强调的主要是整体的、国家的利益。个人完全是作为编织"国家之布"的材料而存在的，不具有自身的价值和利益。晚期，柏拉图则肯定了个人在国家发展中的地位和利益。但尽管如此，他的重心仍然是在社会、整体方面，而对个人的情感、欲望则持否定的态度。亚里士多德则指出，个人先于家庭，家庭先于国家。就三者的关系而言，个人、家庭与国家是一种部分与整体的关系，个人、家庭是部分，国家是整体，而整体优于、高于部分。因此，国家、社会的利益比个人、家庭的利益更为重要，个人应当服从、服务于整体。但他又认为，国家和个人的目的是一致的，即都在于追求和获得幸福。而幸福源于道德，作为国家，它的道德在于使国民道德的完成，从而使国民获得幸福。作为个人，他的幸福只有通过国家、整体才能实现，也即个人的善德只能集众德而成。

（二）知识与道德的关系

在希腊思想中，这个问题既是哲学认识论的问题，也是伦理学问题，又是教育的重大问题。而当希腊人最初探讨这个问题时，它又是具有浓厚政治色彩的。

毕达哥拉斯学派最早探讨知识与道德的关系问题。但真正把它作为一个问题，并加以系统探讨的，则首推苏格拉底。苏格拉底认为，知识、智慧和道德之间具有内在的、直接的联系。这是因为，美德是灵魂的一种基本属性，而灵魂本身又需要智慧的指导。智慧与美德不仅存在着密切的联系，而且具有统一性。从知德统一的观点出发，苏格拉底进一步作出推论：因为美德即知识、智慧，而知识是可以通过教授、学习而获得的，因此，通过传授或学习知识，也就获得了美德。在这个意义上，美德是可教的，是后天获得的。在苏格拉底时代，提出知德统一、德行可教的主张，是有很大意义的。这是因为，在长期的贵族统治下，希腊形成了一种观念，即贵族是"最好的人"，也就是最有道德的人。苏格拉底强调知德统一、德行可教，实际上否定了这种道德天赋的观念，否定了贵族阶级对道德的垄断，为民主政治的建立作了理论上的辩护。

苏格拉底"知德统一"的理论，是柏拉图政治——伦理思想的重要出发点，也是其教育理论的一个依据。在柏拉图的理想国中，社会成员的等级与其说取决于他们的素质（金质、银质和铜质、铁质），不如说与他们所受的教育有关。柏拉图不仅全面接受了苏格拉底"知识即道德"的观点，而且把知识与道德的关系推进到了一个"一一对应"的极端，即德行的等级完全是由受教育的程度决定的。像他这样评价教育作用的，可说是前无古人。这种类似近代"教育万能论"的思想，对后代产生了深远影响。

（三）知识的实用价值与自由价值的关系

在希腊教育思想中，知识的价值（即实用价值与训练价值何者为重）问题，虽然直接涉及教育、教学内容的选择，但更重要的是，它与教育的宗旨、性质等基本问题密切相关。这个问题换个提法就是实用教育与自由教育（liberal education，或译文雅教育、博雅教育）的关系问题。这种意义上的教育所要培养的就是"身心既善且美"的人。在这种教育中，和谐、均衡的观念起着主导作用。而这种观念所强调的并不是实用知识和职业技能的训练，而只是自由公民自身的身体和心灵的发展。

苏格拉底对自由教育的探讨带有明显的伦理学色彩。苏格拉底对雅典当时所盛行的追求享乐、追逐名利和财富的风气进行了猛烈的抨击，他指出，一个只专注于积累大量钱财和猎取声誉，却毫不关心智慧、真理和心灵的改善的人，是十分可耻的。财产、声望、名誉都是身外之物，只有美德才是最可宝贵的。苏格拉底进一步指出，人所追求的东西可以分为三类（也是三个等级）：外在的善（如财富、权力）、身体的善和精神的善。他认为，财富并无助于灵魂的改善和美德的形成，富有的人往往更容易沦为欲望的奴隶，而满足于基本需要的人才可能成为真正自由的人。关于身体的善（即健康），苏格拉底给予高度重视，这是因为，健康的身体有助于人的生存，有助于实现对他人和集体的义务，有助于智慧和道德的发展。苏格拉底更为强调的是精神的善，认为这是人生的最高目的。精神的善包括理性的发展和美德的养成，而最根本的则是"认识你自己，因为只有对自己具有真知，人才能成为自己的主人，成为自由的人"。由于这个原因，苏格拉底把理性、智慧的发展和道德的培养作为教育的最高目的。他所理解的教育正是这样一种非功利的、旨在促进人自身发展的教育，也就是自由教育。

柏拉图进一步发展了苏格拉底的思想，明确论述了自由教育的问题。与苏格拉底不同的是，柏拉图并不一概排斥知识的实用价值，他关于四艺在军事、航海等方面的功能的论述说明了这一点。但他所说的实用价值与智者派的理解不同。在智者派那里，知识的实用价值主要是对个人而言的，而且更主要的是对个人的财富、地位等而言的。而柏拉图所理解的实用性则主要是指对城邦或群体利益的有用，是指对个人实现自身的义务的有用。须要指出的是，包括苏格拉底、柏拉图以及亚里士多德在内的希腊思想家们有时也很强调"实用知识"，但他们所理解的实用知识主要是政治学和道德知识，认为这种知识在治理城邦、处理人际关系方面具有现实作用。

到亚里士多德，希腊自由教育理论的发展达到了高潮。亚里士多德继承了柏拉图等人的有关思想，通过对教育目的、教育内容等方面的广泛考察，提出了系统的自由教育理论。亚里士多德首先论证了教育目的的两重性。他认为，教育艺术是政治艺术的有机组成部分，因此，国家的目的便是教育的目的，即培养有道德的公民和政治家，以实现国家的幸福。但这并不是教育的最高目的。这是因为，首先，自由人的生活与其灵魂一样，是广泛的、多方面的，并不仅限于政治。其次，人的天性决定了人是政治动物。但人所以为人，人之区别于一切存在的根本性质，正在于他具有理性。理性是灵魂中最高贵、神圣的部分。人只有运用、发展其理性，才能实现真正的自我。人的教育也应当以充分发展人的理性为根本目的。教育的这重目的高于前一重目的，它使人超越具体的存在，走向神圣、不朽。旨在达到这重目的的教育，才是真正的自由人所应接受的教育。

概而言之，亚里士多德自由教育理论的基本含义是：自由教育是唯一适合自由人的教育。自由教育的根本目的不是进行职业训练，而是促进人的高级能力的发展，从而使人从愚昧和精神的束缚中解放出来。为着这个目的，教育内容应以自由学科为核心，并且避免机械的、专业化的训练。

从西方教育思想发展的整个过程来看，自由教育理论的提出，事实上确立起一个教育中的"形而上学"问题：教育的终极目的是培养公民，培养有道德的人，等等。这些教育目的是否能真正构成教育目的，培养公民和培养有道德的人又是为了什么？这些是否是人应当追求的最高目的？既然教育事业是培养人的事业，既然教育应当遵循自然，那么，教育必然以实现人的最高属性为终极目的，只有这样，教育才能真正完成自己的职能、特性，实现"至善"，这个问题以后逐步成为教育与人性的关系、教育的价值问题。

第二节　文艺复兴时期

文艺复兴运动是公元 14 世纪初期到 17 世纪中叶欧洲新兴资产阶级在意识形态领域里向封建主义和基督教神学体系发动的一场伟大的文化革命运动，是新兴资产阶级在文化上的觉醒。这场运动真正把人们从传统的神性思想之中解放出来，把教育从培养"神的奴仆"转变为培养独立的公民，为之后的资产阶级夺取政权的胜利奠定了基础。因此，这个时期的核心素养重新回到了古希腊时期人作为人应该有的基本素养，是人性的回归。

一、文艺复兴人性思想的光辉

文艺复兴运动高举的是人文主义的大旗，人文主义是文艺复兴时代不同国家、不同领域、不同时期的巨人们所共有的世界观。"人文主义"（humanism）一词，在文艺复兴早期仅是指 humanus（人的）的含义，即受到世俗教育的意思。后来随着文艺复兴运动的发展，由 humanus 才发展成为 humanism。总起来说，文艺复兴的人文主义世界观体现在以下几个方面：

（一）人的意义、尊严和价值

人文主义文化的核心，就是提倡以人为中心，反对以神为中心，提倡人道、人权，肯定人的价值、地位、能力，提倡个性解放。人文主义之父、意大利的彼特拉克在其拉丁文作品《秘密》中疾呼："我不想变成上帝，或者居住在永恒中，或者把天地抱在怀抱里，属于人的那种光荣对于我就够了，这是我所祈求的一切。我是凡人，我只要求凡人的幸福。"意大利人文主义者皮科，在《论人的尊严》中认为，人是万能的，他可以按照他的意志做他所愿做的一切，他高于万物，他有高于万物之上的尊严。不仅哲学、文学歌颂了人，而且绘画也歌颂了人。文艺复兴时期的绘画虽多为宗教题材，但与中世纪相比，却注入了世俗气息，神被描绘得富有人性。意大利画家拉斐尔的绘画之所以具有不朽的魅力，主要是由于它的强烈的人文主义精神，拉斐尔不是把人类成员描绘成迟疑不决的、受折磨的人，而是把他们描绘成温和的、聪明的和高尚的人，他的圣母像表现的是人间母亲的善良贤淑。

（二）宣扬人的意志自由和个性自由

意大利人文主义者瓦拉著《自由意志谈》，认为上帝可以预见人的行为这一点并不就是说人完全没有意志的自由。因此，人做的事还是他自愿干的，他有他的自由。上帝决定了各种可能性，但不能认为一切可能的事均会发生，上帝的预知并不是自由意志的障碍，在上帝的控制之下，自由意志的存在是可能的。人文主义者的作品不仅在内容上体现出自由的理想，而且从风格上也体现出自由的精神。群星共耀，风格迥异，百花争艳，各呈芬芳，其爱其恨其喜其怒其褒其贬都淋漓尽致，无以复加，但丁作《神曲》将教皇放在炼狱中，伊拉斯谟作《愚人颂》讴歌朴实无华的愚人，拉伯雷著《巨人传》以夸张的笔调塑造了一个巨人形象——高康大，这本身就说明了人类精神的解放，正是这种自由的解放给人文主义者的头脑带来了空前的智慧、活力和朝气。

自由的观念与中世纪的命定论和权威主义相对立，自由的观念也引致了教育观念的骤转。培养创造力和发展个性遂成为教育中的新课题。

（三）现实生活和尘世的享乐

伊拉斯谟嘲笑贵族僧侣的腐败堕落和禁欲主义，认为人生的目的就是尘世的享乐。瓦拉在《论作为真正幸福的享乐》中强烈反对禁欲主义的观点——人享乐是不道德的谬论，他又提倡世俗生活，要求享受生活中的一切娱乐。英国人文主义者莫尔在《乌托邦》中提出，享受尘世生活的幸福是人生最大的本色，是完全符合理性的和大自然的意向的。莫尔认为人不能屈服于禁欲主义的戒律，限制饮食以消耗自己的身体，损害自己的健康和放弃自然界所赋予的种种温存，否则就是丧失理性，对自己极端残忍，对自然忘恩负义。

（四）提倡学术，尊崇理性

有人将中世纪称为黑暗时代、愚昧时代，意指其学术的不盛与文明的不举，虽言辞过激，却不乏合理之处，文艺复兴时期学术大盛，知识受到崇拜，理性得以弘扬。学术靠教育来传播，保存，延续，理性靠教育来铸就，培养，训练。倡学术崇理性为教育发展提供了良好的文化条件。

二、文艺复兴时期的核心素养教育

正如前文介绍的文艺复兴思想一样，文艺复兴时期的典型教育特征可以称作对一个真正的人的教育。当然，文艺复兴中还有宗教教育，但是并不能代表文艺复兴的特征。下面主要讨论文艺复兴时期的人性教育光辉。

（一）教育的目的与作用

中世纪教会学校教育的目的主要是为了修来世，为了有助于对上帝的信仰。人文主义教育使这种宗教教育的目的发生了转向。不论是意大利早期人文主义教育家所要培养的公民还是意大利后期和北方人文主义者所要培养的君主、侍臣，不论早期人文主义者所要培养的学者型人才，还是后期人文主义者所要培养的实干型人才，都是为革新现实社会服务，具有强烈的世俗性。

意大利前期人文主义者痛斥暴政，颂扬自由，维护当时已经存在的共和政体。他们认为真正的高贵的唯一标准必须是具有美德，如同但丁所言："高贵与美德同在。"意大利早期人文主义教育家认为教育的目的就在于培养具有美德、高尚的共和精神的公民为共和政体服务。

北方人文主义教育家则主张培养贤明的君主、侍臣为君主政体服务，他们都相信完美的教育和完美的统治之间有着异常紧密的联系，认为治国安邦的关键在于统治者躬行美德。这种转变体现出人文主义教育含义的拓展，但都强调教育的社会功能和政治功能。

人文主义思想家、教育家往往都谋求担任统治者的大臣和使节，过一种官宦生涯。他们身居高位，对如何治理国家有一套成熟的见解，他们把主要兴趣放在治理国家上。因此，当他们论述教育问题时，往往把教育同政治联系起来，将教育视为改革社会、促进政治清明的手段。

人文主义者还重视教育对个人发展的作用，他们认为只有通过教育，个人才能拥有美德，才能获得身心和谐的发展，"一个受过正当训练的人，发展成为一种神圣的动物，而另一方面，一个受过错误训练的人，堕落成为一种畸形的野兽"。

（二）道德教育

由于文艺复兴时代的人文主义者都强调美德在社会生活中尤其在政治生活中的核心地位，道德教育在人文主义教育中居首要地位。他们既要用道德教育来克服社会的不道德现象，又要用道德教育来塑造新的道德精神。

意大利人文主义教育家和北方人文主义教育家延续了古代伦理学家所崇尚的四项基本美德：正义、意志、节制、智慧。埃里奥特在《行政官之书》中对四种美德进行了详尽的讨论。其次，除四美德外，他们还强调宽宏、仁慈、守信等美德。第三，北方人文主义教育家在上述美德外，还尤其强调虔诚的美德。

如何获得美德呢？教育怎样培养美德呢？主要就是通过学习古典文化。弗吉里奥认为，要获至美德，必须学习历史、伦理学和修辞学。伊拉斯谟要求读《旧约》、《新约》，读普卢塔克的《格言》和《道德论》，读亚里士多德的《政治论》和西塞罗的《论义务》等等。

与上述人文主义教育家的道德教育思想不同，法国的拉伯雷、蒙田和英国的培根对道德教育的看法展示出一种新的伦理倾向。他们的道德教育思想与君主政治的联系大大减少，几近消失，而且由于宗教改革、知识发展等因素的影响，强调自由、宽容和怀疑精神，强调知识与品德的有机联系，呈现出新的风貌，与前面提及的一些人文主义教育家迥然不同。

（三）教育的内容

人文主义教育家所主张的教育内容充分体现了古典文化复兴的精神，古典语言、古典著作构成教育内容的核心和基石，古典语言主要指拉丁语、希腊语和希伯来语，古典著作主要指古希腊罗马的文学、历史、哲学、伦理学、医学、法学等著作。中世纪七艺依然是学习的内容，但抛去了中世纪教育笼罩其上的浓厚的宗教成分而还其本来的世俗面目。到了文艺复兴后期，本族语、自然科学、体育等也日益成为教育的重要内容，人文主义教育的课程日益近代化。

人文主义教育家推崇的拉丁语是古典拉丁语，即古罗马人使用的拉丁语，这种拉丁语，规范，典雅，优美动人。掌握古典语言是理解古典作品的关键，古典语言是走向美好的古代世界的必经之路。在人文主义者和人文主义教育家的努力下，古典拉丁语在学校中逐渐取代了粗陋的中世纪拉丁语。

古典著作的范围比较宽泛，涉及多个领域，历史、哲学、伦理学、文学等尤受青睐。弗吉里奥将历史置于人文学科的首位，其次才是伦理学、修辞学。北方人文主义者都认为保持政治贤明的关键在于正确地理解过去，因而在他们撰写的有关君主、侍臣教育的论著中将历史的实用价值予以很高的评价。

历史很受重视，维夫斯在《论教育》第五卷中将历史视为"贤明之师"。埃里奥特在《行政官之书》中断言没有任何其他科学的研究能与历史研究带来的用途和乐趣相媲美。培根说得更干脆："读史使人明智。"蒙田对历史教学提出建议，认为在给学生讲授历史时，"不要教他许多历史的事实，而要教他做历史的裁判者"。

古罗马哲学的成就较古希腊要小得多，对希腊文化的研究促进了哲学的复兴与进步。人文主义教育家往往本人就是哲学家，都非常重视哲学的研究与学习，蒙田认为哲学"应该成为人类行为的试金石"，成为使行为正直的规则古典哲学的研究在当时具有强烈的现实意义。

七艺中的三艺——文法、修辞、辩证法与古典文化的学习不可分割，也构成人文主义教育家所主张的学习内容的重要部分。文法主要是指拉丁文法。文艺复兴时期，文法学习与古典文化的研究结合了起来，西塞罗、维吉尔等古典作家的作品成为文法的典范和样板，从而赋予文法学习以人文主义精神。文艺复兴刚开始时，修辞学教学有两种方法，一种是急功近利的实用方法，持这种方法的学者认为另一种方法——通过古典作家的作品来学习修辞学的方式是"迷信的和荒谬的"。但由于后者更能与复兴古典文化的精神合拍，于是迅速取代前者而被奉为正宗。从某种意义上说，研究修辞学就是研究散文之学，以时尚的模拟方式来阅读和解释古代拉丁文散文作品，并通过模仿古代的范本练习和写作拉丁文文章。辩证法——即通过辩论取得胜利的技巧。文艺夏兴时期与演讲术、逻辑学等无明确的界限。

人文主义弘扬人的尊严与价值，要求尚自然，展个性，然而"这种对于人类尊严的歌颂，并不意味着反对宗教"。有人文主义者要求把基督教精神渗透到所有的工作中；伊拉斯谟和维夫斯强调虔信的至高无上的价值；拉伯雷在《巨人传》中要求高康大学习《圣经》；卡斯底格朗认为理想的朝臣除有勇敢、智慧等品质外，有宗教信仰才算完美。

本族语在文艺复兴之初不受重视，在人文主义教育家所设计的课程中没有地位。到了文艺复兴后期，民族语言已得到长足的发展。卡斯底格朗在对朝臣的描绘中，要求完美的朝臣应通晓语言艺术，其语言应"贴切、精练、清晰、使用恰当，并且，最重要的是在人民中普遍使用的"本国语言，"还要让他赋诗作文，特别是让他练习使用我的通俗语言"。卡斯底格朗描绘的朝臣在生活中有其原型，因此他的描绘表现出其本国语——意大利语在 16 世纪初已发展成熟并被普遍运用。

自然科学进入学校课程必须以自然科学的成熟发展为前提。文艺复兴前期，七艺中的三艺受重视，而具有科学知识因素的四艺备受冷落。文艺复兴后期，自然科学的价值渐被承认，在课程中始有立足之地。拉伯雷在《巨人传》中提出了几乎包罗万象的种种学科，尤重对自然的学习和研究。蒙田虽然对科学缺乏兴趣，但也看到了科学的作用。尽管不少人文主义教育家论及自然科学教学，但文艺复兴时期科学的发展才刚刚起步，但应清楚，科学的迅速发展是文艺复兴以后的事。

重体育主要是后期人文主义教育思想的特征。早期人文主义教育家中也有重体育者，但他们重体育是出于对一种完美教育理想的追求、是古希腊教育重身心和谐发展的一种现实复兴。而后期人文主义者重视的体育体现的是对中世纪骑士教育的超越，是新的教育目的对人的素质的必然要求，是出于一种实用的目的和实际的需要。

文艺复兴后期，教育的目标发生了转向，培养精明能干的绅士、培养博学多能的贵族成为新的教育宗旨。体育受到很高的重视。卡斯底格朗笔下的完美朝臣擅长战争艺术和各种体育活动，尽管不是一位职业军人，但通晓战争艺术，沉静勇敢。这种做法逐渐形成传统，以至于到了洛克的时代还强调体育的重要性。

（四）教育的方法

文艺复兴时代的教育方法所体现的基本精神与中世纪大相径庭。新的方法是建立在新的人性论和新的认识方法的基础之上的。文艺复兴给教育带来了生机和新的风貌，教育方法在总体精神上产生了变革，具体表现在以下几个方面。

第一，反对权威主义和体罚，崇尚自由精神。拉伯雷对一切宗教的与世俗的戒条置若罔闻，提出理想的生活状态是：你想做什么就做什么，一切都凭你的意志和自由愿望，而不是根据法律、章程和规则。拉谟斯将这种自由意识引入教育领域，他对过去和当时的教育依赖于古代的权威不满，他既反对旧权威主义，也反对人文主义教育中出现的新权威主义，认为不应盲目追随亚里士多德、西塞罗和昆体良，他强调人的自由思考的权利。

人文主义教育家反对体罚。维多里诺十分赞同柏拉图的教育名言："自由人不能用强迫的或苛酷的方法施教。"他本人爱生如子，被誉为"仁爱之父"。维夫斯要求教师要尊重儿童。

第二、教育应遵循儿童身心发展的特点。尽管人文主义教育家对儿童身心发展的特点尚无统一的、科学的认识，但他们在实践中已经意识到，成功的教育与是否遵循儿童心理特点之间存在着密切联系。对儿童心理特点的关注本身说明人们开始注意研究教育对象与教育结果之间的关系，说明人们对教育的认识已达到了一个新的层次，这种关注在其后的几百年里导致了一场持续的教育革命，并引致了许多教育新学科如儿童心理学、教育心理学的诞生。

第三、批判经院主义的烦琐方法，引入了认识事物的新方法。经院主义引入了理性的因素，较之中世纪前期的信仰主义有相当大的进步，但随着时代的进步，其消极特征如枯燥的形式主义、烦琐而拘泥于细节等日益显露出来。

第四、注重能力培养，反对迂腐的学风。人文主义教育家尖锐地抨击了不尚理解而强迫儿童呆读死记的教条主义，要求培养学生的理解力和判断力。拉伯雷明确指出没有经过理解的知识等于灵魂的废物。蒙田认为"仅仅把知识拴在心灵上是不够的，应该融合到心灵中去；不应只是把心灵着一下色，而是必须把它染透"。

第三节　工业革命时期

工业革命是一次技术上的爆发，但是对于教育来说同样也是一次重大的转变。从现代教育的角度说，工业革命时期的教育转变塑造了当代教育的模型，同时也塑造了当前核心素养的根基。在工业革命时期，核心素养的内容可以划分为三种不同的类型，一种是基于自然主义教育思想的核心素养，一种是科学主义教育思想，一种是新教育思想。自然主义者更关注的是培养一个完整的人，是文艺复兴时期人文主义教育思想的延续，只不过在教育内容上有所进步。科学教育思想非常注重自然科学思想的传播，驳斥古典教育中公民教育的"装饰主义"传统习惯，突出自然科学在社会发展中的价值。新教育思想则是要培养新人，是一种典型的精英教育思想，把教育的内容放置在学生的生活中，这也是当代教育思想的源头。

一、工业革命时期的自然主义教育

自然主义教育思想是渊源于古希腊，形成于文艺复兴时代，兴盛于18世纪，延续至19世纪，并对现代西方教育理论与实践具有重要影响的一种教育思潮。

自然主义教育家的教育思想有共性，但亦有很大的差异，很难把他们的各种各样的思想都纳入一个框架之中。在此仅从教育目的、儿童发展分期、课程论、教育教学原则与方法论等角度陈述自然主义教育思想的基本内容。

（一）教育目的

夸美纽斯认为教育的目的在于使人为来世的永生作准备。他认为教育有三个重要任务：认识自己和周围世界，自我管束和向往上帝，意即要达到有学问、有德行并对上帝心存虔信。学问、德行、虔信是教育应达到的具体目标。夸美纽斯认为，学问、德行、虔信应得到和谐的发展，因为"人的本身，里外都只是一种和谐"。这几个方面发展的根基在于人的本性之中，因为人生来就具有学问、德行和虔信的"种子"。但种子只预示了发展的可能性，若由可能性达到现实性，必须通过教育，"只有受过一种合适的教育之后，人才能成为一个人"。

卢梭明确地讲，教育的目的就是培养自然人。他认为自然人不同于公民，自然人完全是为他自己而生活的，是绝对的统一体。而公民的价值在于他同总体，即同社会的关系。卢梭的自然人是与社会相统一的自然人，并非不食人间烟火，并非不受社会的习染。只不过卢梭在此所言的"社会成员"有一层新的含义，他要培养的绝不是专制制度的卫道士，而是新的"社会"的代言人。所以称之为自然人，原因有二：其一，所谓自然人，就是存其天性，扩其天性，而不是阻碍压抑天性之自然发展。亦即自然人是依据儿童身心发展之自然规律而造就的，这样培养出的人就是自然天性充分发展的，个人潜能得以充分实现的自然人，即自然人是用自然教育的方式培养出来的。其二，人性本善，而社会为恶，人的培养中远离社会罪恶对人的污染和侵袭，故称之为自然人。泛爱派认为教育的目的在于追求幸福，他们认为对幸福的追求是人的一种根本的自然动机，但泛爱派强调个人在追求幸福的同时，不应该忘记他人和社会的幸福。

裴斯泰洛齐认为教育的目的在于使人的一切天赋力量和能力和谐发展。由于天赋能力包括道德、智力和身体诸多方面，裴斯泰洛齐要求教育应包含德育、智育、体育和劳动教育，使儿童"头、心、手"的发展和谐并进。裴斯泰洛齐将人之自然本性与社会有机结合起来，将前者的自然发展和后者的进步紧密相互联系，不像卢梭那样似非而是，也不像夸美纽斯那样多一层宗教的屏障。但亦应看到，裴斯泰洛齐企图通过教育救民含有浓厚的改良主义倾向，尽管诚心可嘉，却难以达到目的。

福禄倍尔教育目的的宗教色彩非常浓厚，他也谈依儿童本性而自然发展，但发展的目的、教育的宗旨却在于揭示存在于人的本质之中的上帝精神，儿童对外界事物，包括对自身的认识，都是为了进一步去"认识上帝"。与这种思想相应，福禄倍尔还提出了教育中的"自我活动"的原则，重视儿童的自我发展和自由发展，要求培养"自由的、自觉行动的、有思想的人"。

（二）儿童发展分期

遵循自然对教育的核心要求就是教育应遵循儿童身心发展的规律。对儿童发展分期的论述是自然主义教育思潮的重要内容之一，成为自然主义教育思潮的重要特色。

夸美纽斯将人从出生到成人划分为四个阶段，并与他提出的学校制度相对应。从出生到6岁为第一阶段，属学前教育阶段，主要任务是为儿童奠定体力、智慧和道德发展的基础。从儿童的特点着手，夸美纽斯特别重视童话、言语和游戏在儿童教育中的作用。从6岁到12岁为第二阶段，属初等教育阶段，主要任务是充分利用各个学习科目去训练儿童的感官、想象力、记忆力及其相关的器官。从12岁到18岁为第三阶段，属中等教育阶段，主要任务是给学生一种百科全书式的知识（泛教与泛智），为以后接受更高深的教育打下基础。18岁到24岁为第四阶段，属高等教育阶段，主要任务是学习、研究详尽而高深的课程与知识，使青年成为博学、睿智之才。

裴斯泰洛齐没有论及儿童发展的具体分期，尽管他比前人对儿童身心发展的理解更为深刻。裴斯泰洛齐认为全部教育必须依从本性的发展顺序，儿童发展有其固有的规律和进程。对处于某一发展阶段上儿童的要求，既不能超出，也不应低于其能力，这就要求教育要有层次地变化以适应发展的每一阶段。

福禄倍尔将儿童发展为婴儿期、儿童早期、儿童期、学生期四个阶段。在婴儿期，主要发展感觉和身体，此时儿童对于运用感觉和肢体的结果是不关心的，这些动作并不是将内部的实在表现于外部。儿童早期相当于幼儿期、学前期，福禄倍尔认为这一阶段语言发展和游戏在儿童发展中居重要地位：语言是认识外部事物从而进一步认识内部实在的工具，是连接内部世界和外部世界的手段；游戏是内部存在的自我活动的表现，——是由内心的需要和冲动而来的内部表现。在婴儿期，对父母和教育者的要求主要是养护；儿童早期是"使内部的东西成为外部的时期"，训练居于主要地位；儿童期主要是学习，使外部的东西成为内部的时期，父母和教育者应引导儿童去认识事物，使学生"彻底了解一切事物的统一性，洞悉一切事物都有上帝赋予的本性和生命"。儿童期可称为学校生活的初期，这一时期儿童的主要任务是在学校里学习知识，但学习知识的根本目的在于认识事物的统一性法则。学生期儿童发展的任务与儿童时期相同，只不过程度更高罢了。

第斯多惠将儿童发展分为三个阶段：①9岁以前，感觉（感性认识）或直观占优势的阶段。第斯多惠认为，"任何真正的知识都是从感性认识出发"，因此，这一阶段构成下一阶段儿童发展的重要条件。②9 岁到 14 岁为记忆阶段，这个时期"是记忆有价值的材料富有成效的时期"，是记忆占优势的时期。③14 岁以后的悟性和理性阶段。悟性是理性形成的初基。"在这个时期，学习是完全自觉进行的，对于规律和规则有了明确而清楚的理解，观念的产生具有逻辑的连贯性；思维的能力发展起来了；能把坚定的原则牢固地掌握并运用到生活中去。道德观念转化为信念，而信念形成着性格和它的力量。"

自然主义教育家关于儿童分期的看法不足之处是明显的，很多划分是牵强的，有的还含有浓厚的神秘色彩，但毕竟是人类对儿童身心发展规律和教育规律有目的探究的积极表现，反映出自然主义教育家并不想使教育完全依赖于纯粹的自然，反映出他们超越自然的主观能动性。

（三）课程论

自然主义带来了处理课程和教材的新思路。夸美纽斯是人文主义教育、新教教育与唯实论教育的集大成者，其课程论亦反映出这一特色。它是人文主义的，他提出的泛智课程包罗万象，但其支柱是人文主义的课程；它是新教主义的。因为他具有明显的宗教目的；它是唯实主义的，因为他认为，"如果所学的知识对于实际的目的没有用处，那就是再无用不过的"。他注重国语、科学等实用知识的教学。我们还可加上一点，它是自然主义的，因为夸美纽斯的课程依年龄阶段不同而有不同的内容，在儿童发展的初期基本以实物教学为主，待年龄足够大时才作抽象理论的学习与研究。

卢梭认为儿童 0—12 岁是理智的睡眠期，不宜进行书本知识的教育。而且卢梭对当时的书本知识持否定的态度，认为当时的书本教育咬文嚼字，摧残心智。但卢梭并不排斥书本知识。他要求在儿童开始进行学习的时候，首先要对施教的内容进行选择，要求"他所学的知识要有用处"，是"真正有益于我们幸福的知识"。卢梭将自然知识的学习放在 12—15 岁这个年龄阶段，而将社会知识的学习放在 15 岁以后，他认为，社会知识较之自然知识更深奥莫测。

福禄倍尔设计的课程与其万物统一论有关联。由于他要求儿童既要认识作为外部世界的自然，又要认识作为内部世界的精神，还由于他认为沟通内部世界与外部世界的媒介物是语言，再由于他的浓厚的宗教性的教育目的，他所要求的学校教育的课程主要有四个方面："（1）宗教，（2）认识自然的自然常识，（3）促进思维发展的数学；（4）作为人与周围环境间的媒介物的语言。"在自然科学方面，他开设了地理、物理、化学、自然史、工艺学等课程；在语言方面，他注重国语教学和现代语教学，把古典语言的地位大大降低。这些都反映了时代发展的要求。此外，福禄倍尔还重视体育、艺术教育和劳动教育。

第斯多惠对课程的看法反映了他对教育基本问题的认识。从形式教育与实质教育统一论出发，他认为培养思维能力应顾及所使用的教学内容的性质，给学生教授实际知识时亦应注意能力培养，应将二者结合起来，坚决摒弃那种空泛无物、不切实际的教育内容。从教育的文化适应性原则出发，他要求"教学内容必须符合现代科学的水平"，认为"应给予学生以最有用的和成熟的知识"，应"把学生提高到现代科学的高度水平"，"应当使学生熟悉现代物理学和一般自然知识，最近的数学地理和天文学或现代的心理学与哲学的观点"。第斯多惠还提出"在选择教学方法时要考虑到科目的性质"，对有些科目，如历史、地理等，可使用讲述教学法，因为这些知识是不能通过逻辑推理的方法使学生获得的。但在上数学、物理等推理性科目时，则应采用对话法和提问法，引导学生进行逻辑推理。第斯多惠的上述思想在有关知识与能力，课程与儿童，课程的与文化，课程与教法等问题上的看法都是比较深刻的。

二、科学主义教育思想

工业革命的完成使大机器生产取代了手工工场生产，并推动了自然科学的发展。但是在教育上，各国古典主义教育传统的保守势力仍然十分强大，尤其是在英国，各级学校科学教育实施的情况很差，教育中的"装饰主义"弊病很明显。因此不断有人批评学校教育的古典主义倾向，要想彻底冲破传统的古典主义教育的习惯势力的桎梏，还必须对科学教育进行有力的论证，从理论上阐明教育改革的合理性和必要性。

（一）论科学的价值

关于古典教育和科学教育孰优孰劣的争论是一个长期存在的问题。19世纪前半期，生产力的发展和科学的勃兴，以及伴随而来的科学教育的实施，使得传统的古典人文主义教育和科学教育的争论又趋高潮。

斯宾塞从其实证主义哲学和庸俗进化论的社会学的基本观点出发，先后发表了《智育》、《德育》、《体育》和《什么知识最有价值》等教育论文，并在《什么知识最有价值》中旗帜鲜明地对传统的古典人文主义教育发起了挑战，集中论述了科学知识的价值，提出了一个以自然科学知识为基础的崭新的课程体系。他是从比较价值入手，从指导行为和训练心智两个方面来说明科学知识比古典学科更有价值的。他一再强调说，最重要的问题并不是这个那个知识有无价值，而在于它的比较价值。为了弄清楚什么知识最有价值，首先就要有一个衡量价值的尺度或标准。他断定，为完满的生活作准备就是衡量知识价值的唯一标准。他认为每一种关于事实的知识，除了用以指导行为外，也可以用来练习心智。人们应该从这方面来考虑科学知识为完满生活作准备时的效果。

斯宾塞认为，世界上的一切活动都离不开科学知识，科学知识在指导人们生活的各种活动中具有最高的价值，是使文明生活成为可能的一切进程能够正确进行的基础。对生产过程的科学化和对个人在社会生活中的必要性来说，科学都是必需的、最有价值的。比如，一切生产活动都离不开科学的指导，不论是调节工序、进行设计、商品买卖或记账，都用到它。而一些需要较高技艺的生产活动，也需要专门的数学知识。

斯宾塞认为最有价值的课程应具备和实现两个方面的作用，即获得有用的知识和发展智力。他将当时在学校课程中占显著地位的语言学习和科学知识进行比较，认为在发展心智能力上，科学知识具有更大的价值。科学知识可以培养一个人的独立性、创造性、坚毅和诚实的品质。在斯宾塞看来，学习科学是所有人生活动的最好准备，对调节人们的行为具有无法估量的最大价值，是比其他一切都重要的学习。科学应当进入学校的课程，居于统治一切的主导地位。

赫胥黎是斯宾塞的亲密朋友，他对于斯宾塞的观点给予了有力的支持。他认为，为了获得真正的文化，至少要和全面进行文学教育一样，有效地全面进行科学教育。他赞颂科学在提高智力训练和传递实用知识方面所具有的价值，同时也指出，古典文学所提供的学科内容和智力训练都不足以补偿为它们所花费的时间。

由此可见，强调科学教育的思想家们都认为科学知识在学校课程乃至整个社会生活中占有极其重要的地位和作用。但是，当一部分科学教育家片面强调自然科学知识而忽视人文科学、审美和道德教育时，赫胥黎却由于他广博的知识和更广阔的视野，摆脱了当时在英国占统治地位的功利主义和狭隘的经验主义的束缚，把教育看作一个整体，要求全面考虑各种教育因素及其相互联系与配合，以造就合乎现代社会以及科学技术发展所需要的全面发展的创造型人才。

（二）论课程设置

主张科学教育的教育家们，清楚地看到了当时学校课程设置中轻重倒置、忽视科学学科的可悲景象。他们详尽论证了科学知识在社会生产和个人生活的最高价值和巨大作用，认为它应当在学校课程中占据主导地位，并赋予了科学教育新的含义。

斯宾塞把人类活动归为五类，并把它们按对个人生活的重要程度排列如下：直接保全自己的活动，从获得生活必需品而间接保全的活动，目的在抚养教育子女的活动，与维持正常的社会职业关系有关的活动。与这五种活动相对应组成的五类知识构成了他的以自然科学为基础、门类齐全的学校教育的课程体系。

1. 生理学。这种知识能指导人们保持健康的身体、饱满的情绪和充沛的精力，使学生懂得人的生理发展规律，避免生病，是保证人们从事一切活动的最基本的知识，被称为"合理教育的最重要部分"。

2. 主要是同生产活动有间接关系的知识，如力学、数学、光学等，它使人易于谋生而有助于间接保全自己，能帮助学生学会获取生活资料和谋取职业。

3. 心理学，也包括生理学、教育学。这些知识能够使人更好地履行做父母的职责，教养好自己的子女，使之成为身体、道德和智慧诸方面全面发展的人。

4. 历史，不仅包括国家的政治、经济、社会习俗，还包括国家的文化情况。意在使学生了解国家进步的原因，了解宗教、国家、社会、生产制度、国家各级文化情况、人民的日常生活、各阶级的道德理论和实践，找出社会现象所遵循的根本规律。

5. 审美文化，如雕塑、绘画、音乐、诗歌等以及培养人的欣赏能力的文学、艺术课程，这些是满足人们闲暇时休息和娱乐所需要的知识。但这部分知识应放在上述几部分科学知识之后，因为上面几种与生活职责直接有关的科学知识更为重要。

斯宾塞的教学内容体系对于传统的古典人文主义的教学内容来说，无疑是个革命，他使科学占据了课程的主导地位，把学校课程中轻重倒置的科目颠倒了过来，使学校课程与现实的社会生活密切联系起来，极大地推动了现代科学学科课程的发展。

赫胥黎同斯宾塞一样，主张用自然科学改造英国传统的古典主义学校。但他的思想比斯宾塞更深刻。他指出，"科学"这一词，不单指自然科学，还应当包括历史、文学、语言、绘画、音乐等。英国文学、历史、自然科学等应当成为所有学校教育的共同基础。他主张，科学家、文学家、历史学家和艺术家应当相互了解，因为，目前我们讨论的实质问题，不是哪类学习应该居于统治地位的问题，而是应当选择什么样的教育理论，把所有必不可少的要素以适当的比例结合在一起的问题。他提醒人们，单纯的科学训练和单纯的文学训练一样，都将对理智造成损害。

赫胥黎认为，赋予新意的科学教育应包括以下几方面的内容：（1）体育锻炼，使学生具有强壮的体格；（2）家政教育，使学生具有家政方面的知识和技能，养成勤俭和合理安排生活的习惯。（3）智力训练，使学生学会运用知识的方法（阅读、书写和算术），激起要求理解事物的欲望，获得一定数量的真实知识（尤其是自然科学的基础知识），受到一定的工艺训练（包括绘画），并且使学生懂得拉丁文和希腊文，以获得任何科学知识范围的全面知识。（4）伦理学和神学教育，使学生熟悉基本的行为准则，培养他们的道德感情，适应社会生活并能忍受生活的压力，并对他们进行以《圣经》本身内容为限的宗教教育。其中，赫胥黎更强调智力训练的重要性。

赫胥黎同时主张，自然科学的课程和人文学科在学校教育中要保持平衡。他对于当时片面强调科学课程而忽视人文学科的激进主张持批评意见。由此可见，赫胥黎所提倡的教育包括自然科学、人文科学和审美教育，这种教育为个人才智的无限发展开辟了广阔的道路，是合乎时代要求的。

三、西欧新教育运动

所谓新教育运动，是指 19 世纪末 20 世纪前期在西欧一些国家相继展开的，旨在改造传统学校和建立新型学校的教育革新运动。

在新教育运动中，先后产生了一大批重要的教育改革实验。这些实验不仅提供了一种明显不同于传统学校的学校模式，而且为新教育的思想和理论的形成创造了直接的前提。新教育家们的思想大致包括四个基本方面的内容：（1）对旧学校、旧教育的抨击；（2）新教育的基本宗旨；（3）新学校的教育内容；（4）教育和教学的组织、方法，等等。

（一）论新教育的基本宗旨

概而言之，新教育的宗旨是培养适应现代社会要求的"新人"。对此，新教育家们并无分歧。但是，具体地说到这种"新人"所应具备的素养和所承担的责任等，新教育家们的见解并不尽相同。概括起来，这些见解可分为两种类型：一种类型以凯兴斯坦纳为代表，除他之外的大多数新教育家们则代表了另一种类型。

凯兴斯坦纳虽然反对德国教育中盛行的个人主义倾向，但并没有因此走向另一个极端。与其他新教育家相仿，他也强调个人的发展，并认为良好的个人是建立理想国家的必要前提。而在另一方面，凯兴斯坦纳则更重视教育的社会性，并认为良好的个人只有在国家中，在为国家和公益事业的奉献中，才能真正形成。

作为国家有用公民的个人，必须具备三个方面的条件：（1）了解国家的职责和使命，即具有"公民学的知识"；（2）具有从事某种职业的能力和技能；（3）具有公民的美德，热爱国家，并且自觉自愿地为国效劳。凯兴斯坦纳认为，这三个方面的条件并不具有同等重要的意义。他指出，在公民所应具备的三方面条件中，"第一最需要的是公民的品德"，这是能否成为国家有用公民的关键所在。其次是从事职业的技能。"公民学知识"则处于更次要的地位。

凯兴斯坦纳之所以把要培养的"新人"规定为公民，是因为，在他看来，这是现代社会发展的根本要求。他认为，在德国这样一个"现代立宪国家"中，公民的自由和权利都扩大了。而如果国家"把权利和自由授予一个完全缺乏公民训练的民族"，那将是十分危险的。解决问题的关键就在于使每一个人都受到广泛的教育，使其了解国家的职责，并能以恰当的方式在国家事务中运用所赋予的权利。因此，他主张对所有人实施"强迫的公民教育"。

与凯兴斯坦纳相比，大多数新教育家则更倾向于"精英"的培养，但这种"精英"又不完全等同于传统的统治者，而具有现代社会的特征。另一方面，与凯兴斯坦纳所要培养的公民不同，这种"精英"又是自足自立自由的个人。

与凯兴斯坦纳的见解相反，蒙台梭利把个人的发展作为社会进步的杠杆。她认为，社会改造的基本前提是教育的改造。这是因为，只有通过改造教育，才能培养"能理解和驾驭我们当代文明的人"，才能改善人性，从而建立理想的社会。

怀特海在其主要教育著作《教育的目的》一书的序言中明确指出：学生是充满活力的，教育的目的就是刺激和指导他们的自我发展。沛西·能说得更为具体、明确，他认为，教育的目的就是使学生的个性得到最充分可能的发展。为了实现这个目的，教育的首要工作是发展学生的自我表现能力。他指出，所以把个性发展当作教育的目的，是因为人类社会除了在一个个男男女女的自由活动之中，并通过这些自由活动以外再没有其他什么善了，教育实践必须按照这个真理来计划。

罗素把大多数新教育家关于教育宗旨的见解作了进一步系统的阐述。与蒙台梭利等人一样，罗素认为，教育的目的在于通过引导和改善人的本性，培养具有良好品质的人，从而建立一个理想的社会。但在另一方面，罗素更为强调的是人本身的发展。他明确指出："儿童应该被看作目的，而不是手段。"这也就是说，教育的根本宗旨在于培养理想的人，使人得到完满的发展。至于社会的改造和理想社会的建立，其目的也是为了人的幸福和发展。

（二）论新学校的教育内容

与教育宗旨一样，新教育家们关于教育内容的构想也具有显著的特点。这主要表现在以下三个基本方面：

第一，新教育家们共同强调新学校应以传授现代社会所需要的知识为主。尽管新教育家们在具体的课程设置上存在着种种差异，但有一点却是共同的：他们都反对近代教育中盛行的形式训练的观点，反对仅为训练心智官能设置课程。正如怀特海所说：形式训练"是所有引进教育理论中的最致命、最错误、最危险的概念之一"。新教育家们一致强调，新学校的教育和教学内容必须与现代社会的实际相联系。为此，他们要求在新学校中，为学生开设广泛的、为现代社会所需要的科学和知识课程，其中主要包括现代语言（本国语和外国语）、数学、物理、化学、生物、地理、历史、社会科学等等。与此同时，他们还强调对学生进行道德教育、宗教教育、艺术教育、审美教育、体育、性教育等。

第二，新教育家们通常都强调手工、劳动的教学。在近代，一些教育家曾先后论述过劳动教育的问题。他们或是把手工劳动作为闲暇时间的一种消遣（如洛克），或是把劳动作为谋生的手段（如卢梭），但对劳动的教育意义则相对忽视。与此相反，新教育家们则更为强调手工、劳动的教育意义。在他们看来，在工业化、机械化的时代，所以要进行手工、劳动教育，其目的并不在于让学生获得谋生的技能和手段，而主要在于使学生通过手工劳动和体力劳动，获得全面的发展。在所有新学校中，几乎都开设了各种手工和体力劳动的课程，其目的一方面作为学术性课程的补充，作为其他各项教育的补充，另一方面则是发展学生能力（特别是实践能力）的重要途径。凯兴斯坦纳认为，体力劳动是促进学生精神力量发展的重要手段。

第三，一部分新教育家强调进行职业、技术教育。在所有新教育家中，凯兴斯坦纳是最为重视职业、技术教育的。他认为，为了培养良好的、对国家有用的公民，必须对学生进行"职业陶冶"，为未来的职业作准备。为此，凯兴斯坦纳强调对学生进行职业技术教育，并认为，职业技术教育的目的不仅在于掌握某项特定的技术、工艺和技能，而且在于养成职业劳动所必需的智能、兴趣、方法。为了实现这个目的，他主张在劳动学校中广泛开设职业课程，同时加强有关的知识课程的教学。

怀特海则进一步从理论上分析了技术教育与普通教育（或自由教育）的关系，以强调技术教育的重要性。他反对把技术教育与普通知识教育割裂开来的做法，认为："将技术教育与自由教育对立是荒谬的。没有一种充分的技术教育不是自由教育，没有一种自由教育不是技术教育。也就是说，一切教育皆传授技术及智能。说得更简单些，教育应该培养学生长于理解，善于动手。"

新教育家们（特别是凯兴斯坦纳）对职业、技术教育的强调，固然有为资本主义社会培养熟练工人的意图，但从教育发展的历史来看，把职业技术教育放到应有地位加以探讨，反映了现代社会发展对教育的新要求，也说明教育家对职业技术教育认识的更新。众所周知，在漫长的历史时期中，职业技术教育问题在教育思想中是不具重要地位的。

新教育家们不仅在学校教育和教学内容的安排上提出了一些新的见解，而且阐明了关于课程编制和设计的指导思想。就当时的认识水平而言，这些思想的提出不失为一种重要的创见。

从总体上讲，在课程的编制和设计上，新教育家们更为强调心理组织的作用。他们反对以成年人的愿望安排课程，反对单纯以学科逻辑作为编制课程的唯一依据。他们主张，学校教育和教学的一切内容、科目都必须以儿童的心理特征和条件为基础加以组织。不仅所选择的教学内容必须符合儿童的心理需要，而且内容的设计与组织也必须与儿童的兴趣、经验等相一致（在这两方面，德可乐利在隐修学校的实践足以代表新教育家们的共识）。如果把这个问题与新教育家们关于教育、教学的组织与方法的见解联系起来，可以更为清楚地把握新教育家们思想的特点。

（三）论教育、教学的组织与方法

在新教育家们思想所涉及的所有问题中，教育、教学的组织和方法是最受重视的问题。关于教育、教学的组织和方法的主张，也是新教育家们全部教育思想中最有特点、影响最大的内容。

在新教育家的思想中，教育和教学的组织与方法包含了一系列更为具体的问题：（1）学校的组织；（2）教育和教学的原则；（3）教学的组织形式和教学方法；等等。

1. 学校的组织

学校的组织是新教育家们非常重视的问题。事实上，从教育发展的角度来看，只是从新教育运动开始，学校的组织才真正成为教育家们认真考虑的问题。

德可乐利结合其创办隐修学校的实践，进一步从理论上阐明了学校组织的原则和方法。他认为，一所学校招收的学生人数不宜过多，学校应实行男女同学。他主张建立家长委员会，让学生家长参与学校工作的管理。他强调学校应当使学生学会自律、自治，并努力发展学生的团体精神。为此，学校应经常举行各种形式的团体活动，举办演讲会，并鼓励学生积极主动地参与，发挥首创精神。

在学校的组织方面，凯兴斯坦纳提出了较为系统的思想。他为劳动学校规定了三项基本任务：（1）职业陶冶；（2）职业陶冶的伦理化，即使学生理解职业工作对国家的意义；（3）团体的伦理化，即使学生学会在团体中从事共同工作的意识和能力。在此基础上，凯兴斯坦纳全面论述了劳动学校的组织问题。他指出，劳动学校必须制订切实可行的教学计划，并建立相应的劳动教学的设施，如工场、实验室、农场、缝纫室等等。学校应当建立各种"工作团体"，使学生在团体共同的劳动中接受教育。

凯兴斯坦纳还就补习学校的组织管理工作提出了一系列观点。他认为，补习学校的主要任务有二：一是进行职业技能的训练，二是进行公民教育。以此为基础，他根据强迫与自愿相结合的原则，提出了补习学校的工作计划。他把补习学校的教育划分为两个阶段：第一，低级阶段，教育对象为 14—17 岁的学徒工。这个阶段的教育是强迫性的。在这个阶段中，教育的基本宗旨是培养青少年持久、自觉学习的愿望。第二，高级阶段，教育的对象是 17—20 岁的青年。这个阶段的教育是自由的，学生可以自由选择不同的教育形式。凯兴斯坦纳还具体阐述了补习学校的教学计划，主张在补习学校进行技术教学、理论教学、实际的公民训练和理论的公民训练。此外，他还进一步分析了进行补习教育的内外部条件，主张改善青年工人的生活、工作、居住条件，改革学校的内部设施和教育计划。在 19 世纪末 20 世纪初，凯兴斯坦纳所提出的劳动学校和补习学校的方案，是最为具体、详尽并切实可行的，因而对德国等国的教育实践产生了重要的影响。

从总体上看，尽管新教育家们在许多问题上的见解并不一致，但在学校的组织管理方面，他们思想的共性都远远大于差异。重视学校各项工作的有序安排，强调教育和教学活动的计划性，注重学校环境的选择，对教师和学生及其团体的严格管理等等，都是新教育家们的思想及实践为现代学校管理留下的宝贵财富。

2. 教育和教学的原则

新教育家们不仅对学校的组织问题进行了一定的探讨，而且非常广泛地研究了教育和教学的原则、特别是教学组织形式和教学方法等问题。从其思想的逻辑来看，他们在这些问题上的见解是以其对教育和教学活动所应遵循的基本原则的理解为依据的。

尽管在一些具体的细节方面，新教育家们对教育和教学的原则的理解有所差异，但在基本方面，他们的认识是相近乃至一致的。首先，新教育家们都强调，学校的教育和教学工作应充分尊重儿童的自由。把自由当作教育中的核心概念，是新教育家思想的一大特点。爱伦·凯在其带有预言性的著作《儿童的世纪》中严厉批评了传统学校中教师对儿童的过多干预和限制，认为这种做法是"滑稽可笑的、毫无童义的"。她主张，教育者应当允许儿童按照自己的意志和思想从事各种活动（包括学习和劳动），并努力创造一种有利的环境，使儿童能够自由活动。儿童的自由活动是其健康发展必不可少的重要条件。

蒙台梭利进一步阐发了关于儿童自由的见解。她认为，在儿童身上，存在着一种强烈的、天赋的内在潜力，它规定和制约着儿童的成长与发展。这种内在潜力的不断展现，构成了儿童的发展。她指出："无论是物种还是个体，发展的起因都存在于自身之中。儿童并不会由于养育，由于呼吸，由于被置于适宜的温度之下而生长。他的生长是由于内在生命潜力的发展，使生命力呈现出来，他的生命力就是按照遗传确定的生物学的规律发展起来的。"而儿童的生命力则是通过自发冲动表现出来的。这种自发冲动的外在形式就是自由活动。由于这个原因，在儿童的发展和对儿童的教育中，自由活动就具有至关重要的作用。蒙台梭利主张，教育者应当为儿童创造一个自由活动的环境，使儿童根据自己的内在需要从事各种活动，选择各项作业。只有在自由的活动中，儿童才能真正体验到自己的力量，从而获得不断发展的强大动力。

与其他新教育家相比，在儿童自由的问题上，尼尔持一种更为激进的见解。尼尔认为，现代教育是一种"以禁止为能事"的教育。这种教育是建立在"成人关于儿童应当是怎样的人和儿童应当如何学习的看法上的"。它用课程、课桌限制儿童的自由，使儿童盲从权威，"唯命是从"。针对这种现象，尼尔强调应当"还儿童以自由"。他主张，教育应以培养具有自由意志的人格为目的，使儿童能够充分发挥自己的才能。为了实现这个目的，教育者应当"撇开权威，随儿童自己去，禁止对他们作威作福，不要教他们，不要对他们说教，不要提高他们的道德水平"，总之，"不要强使他们做任何事"。尼尔认为，儿童只有在真正自由的气氛下才会感到幸福，才能真正得到发展。因此，真正适合儿童的教育只能是自由教育。在这种教育中，儿童通过自我教育，逐步形成自由意志，形成健全的人格。

应当指出的是，虽然新教育家们都强调把儿童的自由作为教育和教学工作的基本法则，但他们并未因此把自由绝对化。事实上，几乎每一位新教育家在强调自由的同时，又都强调纪律的重要性。更为重要的是，与近代教育家不同，新教育家们通常都是在自由与纪律相互联系的基础上探讨自由问题的。蒙台梭利指出，儿童的自由与纪律并不是完全对立的。真正的自由并不是随心所欲，恣意妄为。真正的纪律也不是"通过命令、说教或任何寻常的维持秩序的手段而获得"的。她认为，自由与纪律是相互联系的，"自由与纪律是同一事物不可分离的部分——就像一枚铜币的两面一样"。她指出，真正的自由是有一定界限的，儿童的自由应以集体利益为限度，以我们通常认为的良好教养为行为规范。另一方面，蒙台梭利认为，真正的纪律必然来自儿童的自由活动。她曾把儿童的自由活动进行划分，认为只有身心协调一致的活动才是真正的自由活动（这种活动被称为工作）。她说："真正的纪律是通过工作第一次显现出来的。到了某一时刻，儿童对一项工作有了强烈的兴趣，我们从他脸上的表情和长时间全神贯注于一项活动就可以看出：这个儿童已走上了纪律之路。"正因如此，她明确指出："纪律必须通过自由而来。"

即使如尼尔那样对自由持激进观点的教育家，也没有简单地排斥纪律。尼尔把自由划分为两种，一种是社会意义上的自由，一种是属于个人的自由。他指出，后一种自由是每个人都平等地享有的，但前一种自由却是任何人都不（也不应）具有的。这是因为，前一种自由涉及他人的权利，而后一种自由只与个人有关。他所倡导的只是后一种自由。但即使如此，尼尔仍然认为，自由不等于放任。为此，他强调儿童自我调节和自律能力的培养。

怀特海进一步把活动理解为对知识的实际运用和发展、创新。他批评传统学校单纯传授知识的弊端，主张把对知识的应用当作教育和学习过程的核心。他说："理论性概念应该总是在学生的课程中得到重要的应用……理论本身就包含着一个使知识保持活动和防止知识僵化的问题，这是一切教育的中心问题。"他指出："为了教育的成功，必须永远使接触到的知识有一种新鲜感。它要么必须本身就是新的，要么必须在新时代新情况下的应用上有所创新。"

从新教育家们的思想和实践来看，强调活动的教育作用是一个基本的共同点。他们所理解的"活动"，既受到卢梭等近代教育家思想的影响，又有所创新。新教育家们所理解的活动，既包括外在的、身体的活动（如体育、游戏、手工劳动），也包括内在的、智力的活动。另一方面，他们主要是把活动作为一种教育和教学工作的手段，当作实现教育目的的重要途径。在这方面，新教育家的一个突出贡献是把活动的作用从单纯的掌握知识和发展能力扩展到儿童全部人格的发展。再一方面，他们通常都强调活动的计划性，要求对儿童的各种形式的活动进行合理的安排。所有这一切，使新教育家们关于活动的见解具有了新的意义。

新教育家们所倡导的第四项基本原则是，重视儿童个人的经验在教育和教学中的作用，因而要求教育与儿童的实际生活相联系。

爱伦·凯主张，应当使儿童在实际生活中经受磨炼，接受教育，以便让他们获得与日常生活相一致的经验。她说："应该让孩子时时刻刻与人生的实际经验相接触；玫瑰花要让他玩，刺可不要摘去。"她进一步认为，凡是可以让儿童自己去体验、经历的事物，一定要让他去亲自体验，成人既不要去阻止，也不要设法用间接的事物去替代。她认为，这种直接的经验，可以使儿童体验生活的法则，从而受到真正的教育。

与爱伦·凯一样，蒙台梭利也十分强调儿童个人经验的作用。出于这种考虑，在她的"儿童之家"中，实际生活技能的练习占有非常重要的地位。她认为，让儿童在现实生活中，掌握实际生活的技能，不仅有助于训练儿童的机体，而且有益于培养独立的人格。

德可乐利认为，学校应当首先关心生活，应当为现代社会培养具有从事各项工作和解决实际问题能力的新人。为此，学校必须与社会保持密切的联系，使儿童了解现实的社会生活，认识自己所处的自然环境和社会环境，懂得现代生产的基本状况。只有这样，新学校才能真正具有活力，使儿童健全地发展。他说："学校如能使儿童为现代生活作准备，那么，它即可达到普通教育目的；学校如能在实践上使儿童接触一般生活，尤其是社会生活，那么，学校的这种准备即能成功。"

强调自由、兴趣、活动和个人经验，反映了新教育家们对儿童及其心理发展的认识。他们关于教学的组织形式与方法的一系列主张，都是以这种认识为依据而提出的。

3. 教学的组织形式与方法

从总体上看，新教育家们关于教学的组织形式和方法的见解，与近代教育家们的认识存在着很大的差异。如果说近代教育家通常都把教学组织形式和方法当作获得知识和发展理性的手段，那么，新教育家们则更多地把它们看作儿童多方面发展的重要条件。

在教学组织形式上，新教育家们虽然没有一概排斥班级授课制，但他们更为重视的是个别化或个性化的教学方式。蒙台梭利认为，儿童之间存在着显著的个性差异，这就决定了儿童具有不同的内在需要。因而，在教学工作中，应采用"个别作业"的形式，使每一个儿童能够根据自己的需要和作业速度，自由选择作业，确定作业的完成进度。

德可乐利则主张实行分组教学。他认为，应当根据儿童的生理年龄和心理年龄，对儿童进行分组，每组人数在20—25人之间。他虽然多少接受了传统的班级授课制的形式，但强调教室不应只是学习和教学的场所，而且应成为儿童活动、交流的地方。

尼尔则首创了"个别课"的教育方式。这种方式虽然不是通常意义上的教学组织形式，但它所渗透的思想反映了尼尔对教育和教学组织的认识。由于受弗洛伊德等精神分析学派心理学家的影响，尼尔尝试用心理分析、心理诊断的方法进行教育工作，为此创制了"个别课"。个别课的基本目的是消除儿童心中所有的"因道德和恐惧而来的情结"，以解放儿童，加速儿童对自由的适应。这种方式的主要内容是，通过教育者与被教育者之间个别的、完全平等的谈话，从而对被教育者的内心产生积极的影响。

如果说新教育家们在教学组织形式方面并未提出系统的理论，那么，他们在教学方法上却形成了非常丰富的思想。新教育家们继承并发展了近代教育家关于教学方法，特别是直观教学的主张。他们运用实验心理学的研究成果，进一步丰富了直观教学方法。这尤其反映在蒙台梭利关于感观教育的见解中。

蒙台梭利强调对儿童进行感官训练。她认为，感觉是人与环境接触的唯一途径，是观察力的组成部分。不仅如此，感觉还是各种高级心理能力（分析、比较、判断）的基础，是"智力发展的第一步"。为了进行感官教育，蒙台梭利把感官作了进一步的划分，例如，把触觉具体分为对冷热的感知、对轻重的感知和对厚薄大小的感知等等。在此基础上，蒙台梭利设计了各种教具，儿童通过操作教具，达到训练感官的目的。

与裴斯泰洛齐和赫尔巴特等近代教育家一样，蒙台梭利并不把感官训练作为教育和教学的目的。她认为，观察虽然重要，但必须进一步上升到智力的训练。这种把感官与智力相联系的主张，在德可乐利的教学法中得到了进一步的阐述。

德可乐利根据心理学的研究成果提出了教学的三步骤：（1）从兴趣引发感觉经验；（2）通过联想形成和发展观念；（3）用具体或抽象的表达方式进行实验和解释。这三个步骤可简化为观察、联想和表达。

观察：是指儿童对具体事物的直接感知，是儿童智力活动的基础。德可乐利认为，观察的目的在于：使儿童习惯于注意周围现象，寻找事物的原因，验证它们的结果；使儿童用具体的方法获得关于生活的复杂观念；通过研究各种具有代表性的生物，使儿童逐渐获得关于动植物和人类演化的知识。他强调，在观察阶段，教师应鼓励儿童运用科学方法，通过以兴趣为中心的教学方案，使儿童获得对事物整体的了解。

联想：联想就是在观察的基础上对观察所获得的资料进行加工、整理。德可乐利认为，联想就是思维，通过联想，可以使儿童过去所获得的知识与观察的资料相联系，从而扩大儿童的经验，激发儿童的想象力和好奇心，进而理解事物的本质。他强调，在联想阶段，教师应当提供必要的思想因素，启发儿童自己进行分析、概括。

表达：表达就是儿童把所获得的知识加以具体的运用和表现。德可乐利把表达活动分为两类：一类是具体的表达，即剪纸、绘画等手工活动；一类是抽象的表达，即阅读、作文等语言活动。

德可乐利的教学系统（特别是前两个步骤）与赫尔巴特教学形式阶段有一些相似之处，如强调直观的基础作用，强调感觉经验与一般概念的联系等。但是，如果进一步分析即可以看到，二者之间的差异是更为基本的。首先，根据德可乐利的观点，在教学过程的各个阶段，学生都占据着主动、主导的地位，教师的工作是引导、辅助性的。而在赫尔巴特的教学阶段中，教师居于主导地位。其次，赫尔巴特虽然也强调知识的运用，但这种运用主要是通过作业进行的，其目的是为了巩固知识。而德可乐利所强调的是儿童通过自己的活动表达、应用知识，达到发展创造性的目的。这种差异不仅存在于德可乐利和赫尔巴特的思想中，而且广泛地存在于新教育家与近代教育家的主张中。事实上，重视活动在教学中的作用，强调儿童的表现，是新教育家思想的一个基本特点。

此外，后发式、游戏、思维训练等也是新教育家们所强调的教学方法。在这些方法上，新教育家更多地继承了近代教育家（特别是裴斯泰洛齐和福禄倍尔）的思想。

第三章　核心素养引起的教育变革

经过了 40 年的改革开放，我国基础教育正在开启一个新的时代。2018 年在全国教育大会上，国家主席习近平要求我国教育部门增强质量意识，提高教育质量。这已经成为个基础教育发展最为根本和普遍的时代性任务。

第一节　新时代国内基础教育发展面临的变化

正如前面谈到的，教育作为一种上层建筑，核心的发展变化是随着时代的发展变化而不断产生的。从当前的教育发展来看，国内基础教育面临的环境是人工智能带来的大变革。基础工作完全可以交给机器人去处理，时代需要的是有创新意识、有探究能力的新人。因此，基础教育，也可以说开启了一个新的时代。

一、基础教育发展的新时代环境

在当前全面建成小康社会的要求下，尽管学校硬件建设和经费投入力度加强依然重要，但是必须同时重视教育质量，重视学生的素质水平。过去重视的教育资源标准化配置和质量水平虽然仍旧是我国教育工作的基本要求，但是对于我国当前的社会发展来说已经不能完全满足。

在新时代，重视教育的质量是必然的。从温饱型的小康社会到全面小康社会，人们在观念上有明显的变化，就是要从财富水平来评判幸福转变成为幸福感的多元化。这种变化透露出一个强烈的信号，即国民对财富的占有总量和形态开始丰富，财富不再是人们对幸福的唯一判断标准。人们的生活方式正在彻底地发生变化，对于文化生活的需求正在逐渐提高。一系列表征内心需求的软性因素对人们幸福的影响在不断变大。对于教育的发展来说，这就意味着教育的内涵必须不断提升，人们对幸福的追求才能逐渐感受到教育的作用。而从国内教育价值取向来看，国内的教育价值观念也产生了较为巨大的变化。人们对于教育工具价值的追求正在逐渐转变成为对教育个性功能的追逐，更加重视教育的长期效益。分数不再是人们评价教育的唯一标准，反倒是学生素质水平的高低将会是人们评判学生教育价值的重要因素。

对于以上内容的理解，我们可以从基础教育的发展阶段分析中去看。过去我们提倡的是"学好数理化，走遍天下都不怕"，之后是重视学生的基础知识和基础能力。学生在这个阶段的唯一任务就是取得分数升学。教育实践告诉我们，这种评价观念的教育活动实际上已经滋生出了不少的问题。因为在分数取向的情况下，学生对于知识的理解是分散的，对于获取知识的观念是背诵。学生的实际能力低下则是这个阶段的必然结果，对于学生的长远发展来说是不利的。因此，实现教育观念的转变成了人们的共同呼声。重视学生的素质水平提高，提升他们的社会责任感，促进其全面发展，适应未来社会的需要。

因此，当代的教育必须树立正确的质量观，关注学生的核心素养的培养。早在2014年，教育部就提出了这个概念。从前面的论述可以知道，所谓学生的核心素养是指学生在接受教育过程中所形成的必备品格与关键能力。

核心素养的发展要适应社会的需要。面对现代信息技术以及人工智能的发展，我们必须反思在未来机器人教育时代学生需要的素质究竟是什么，教育要培养的是什么人，如何在当今社会背景下将学生的个人修养、社会公德、家国情怀融合在一起，在尊重学生个性发展的前提下让学生感受到社会的需要，进行自主发展与合作参与，更加尊重学生的个性的特长，满足学生的兴趣和需要。

新质量时代追求的是适合学生需要的核心素养，是为学生的终身发展以及一生的幸福考虑。因此，要让学生与社会发展趋势更加相适应，倡导学生具备符合时代特征的主流价值观，让教育促进其自身和谐发展与社会的共同健康发展。

二、基础教育改革的着力点

高中教育普及已经是板上钉钉的事情，高等教育也进入了大众化阶段，基本解决了有学上的问题。但是我国教育存在的"育分"不育人的问题则是一直存在。党的十八届五中全会明确提出，要"提高教育质量"。在今年的全国教育大会上，提高教育质量又提上了日程。因此，推进基础教育改革，转变育人模式已经是接下来我国基础教育发展的重要转变方向。

实现基础教育发展的改革，首先要明确基础教育的根本任务，在"立德树人"的基础上实现育人导向。为了贯彻全国教育大会的精神，将"立德树人"的教育根本任务要求落到实处，教育部启动了多项工作方案，把教育根本任务的要求转化为学生发展核心素养，在跨学科的学生发展要求上，进一步融入不同学科标准之中，明确不同学科对核心素养的要求。

对今后的教育发展来说，"立德树人"并不是一句简单的口号，而是十分具体的要求，要实现学科育人功能的彻底转变。这就要求我国教师在进行教学的过程中实现教学观念的真正转变，一方面要结合国家对于学科教学的要求，满足学科教学对于当代社会的发展要求，另一方面则要结合学生的特点，让学生能够真正融入学科教学过程中。

其次，要强化学校的办学特色。当前这个阶段，精英教育向大众教育的转变要求教育工作越来越重视学生的差异。而学生的差异不仅仅表现在学业水平上，还有类型以及个性的差异。如果仍旧用过去的教育模式，显然不可能行得通。因此，要加强特色办学，满足学生的个性化发展要求。从特色办学的开展意义上来看，所谓特色办学是指在国家基础课程之上，开设校本课程，帮助学生认识一个更广阔的世界，让学生能够有充足的空间发展自己。

再其次，教育的发展要重视制度化建设。党的十九大上，习近平总书记指出，要深化教育领域的改革，实现当代教育的现代化。在教育领域的综合改革之中，要深化高中教育的综合改革，推动高中教育的转型发展。制度建设是落实普通高中教育综合改革的基本保障，也是推进教育综合改革的关键点。教育领域的放管服工作要深入下去，不断推动各个阶段学校的办学自主权，激发学校的办学活力。同时，要注重制度建设工作，防止一放就乱。

在今后一个时期，各个学段的学校都要依据教育的改革要求，加强基本制度的建设，激活学校的活力，增强学生接受教育的自由度，从而不断提升教育的质量。总之，要不断加强制度建设工作，保证教育改革工作能够平稳推进，有效落实。

三、面向未来的教育个性化

实现基础教育改革，关键是选择。一方面要让孩子能够有得选，为个性化教育打造空间，另一方面也要引导学生自主选，真正实现教育个性化质量的提升。如果充分理解学生的核心素养，那么教育领域的选择必将成为教育改革的关键词。发展学生的个性以及创造力的价值倾向，牵住选择学习这个教育改革的牛鼻子，无论是选课还是选考，对于学生来说，体现的都是学生学习的自主性，结果都是学生学习能力的不断提升，核心素养的不断提升。

（一）既要"有得选"，也要"能够选"

对于学生来说，关于方向的问题永远都是迷茫的。在人生道路上的选择，学生并没有足够的经历，不可能看得十分长远，甚至对于自己也没有一个清晰的认识。这个结果就是学生不知道如何选择，通常都要借助于家长的力量，帮助自己进行选择。因此，对于很多学生来说，有选择是幸福的，而作出选择则是痛苦的。患得患失，迷茫痛苦，是大多数人都要经历的一个事情。如何处理这种状况下学生的学习选择性，是学校教育必须面对的改革第一问。

作为学校，首先要做到的是如何拓展选择的可能性。学校要建立一个庞大的课程体系以及基础资料系统，在坚持国家基础课程的基础上，让学生有足够的时间和空间学习符合自己个性需要的课程。这一方面要求学校提高课堂教学效率，压缩国家基础课程所占用的时间，另一方面则要进行教师队伍建设，帮助教师建立属于自己的课程，提升学生在学校学习的选择空间。其次，作为学校，要帮助学生学习如何进行选择。在这个问题上，学校还是要做两个方面的工作。一个是学校要帮助学生真正去了解自己，做到彻底地认识自己，在认识自己的基础上放飞自己的个性。另一个则是学校要帮助学生解决如何实现选择的最优化，不让学生患得患失。尽管没有人能够预知未来的水晶球，老师也一样，但是老师的人生阅历对于未来社会的看法能够给学生很多启示，让他们在这些启示之下作出有利于自己的选择方案。

（二）解决"不会选"，变为"智慧选"

有得选和会选择只是能够选择的第一步，更为重要的是学生要具备选择的智慧，能够成熟地面对人生的关键抉择。教师的经验对于学生来说，毕竟只是参考，作为学生，重要的是作出自己的选择。

首先，学校可以考虑让学生尝试进行选择，在适于作出选择的学段就帮助学生开始进行选择。在学生选择的基础上，学校可以考虑让学生的选择进行一段时间，帮助他们真正理解选择的含义，同时也是理解自己的个性特点，认识自己。

第二，要帮助学生理性进行选择。学校可以定期或者不定期地对学生进行性格倾向测试，对学生的性格进行分析，帮助学生了解自己的性格倾向，让他们在这些性格特征的基础上作进一步的选择。

第三，指导学生如何进行选择。教师要继续进行选择的指导。教师要深入研究学生的特征，对他们进行建议性指导。如果学生作出了不利于自己的选择，也要真心真意进行帮助，指导他们真正能够面对这些错误的选择，及时进行纠正。

最后，指导学生超越选择。选择是困难的，选择难免患得患失，成年人也避免不了。教师要指导学生在心理上进行调节，忠于自己的选择，不忘初心，砥砺前行。

第二节 核心素养引领的教师发展

从新一轮基础教育改革启动以来，教师之间开展教学研究合作已经成为一种普遍的现象。这种现象的出现促使我国传统教研活动得以不断提升和发展，它的出现意味着我国教师研修的模式开始转型。教师已经开始从单纯的技能训练转向了文化的成长。

一、基于草根的专业成长

传统的教师训练往往是对教师的技能训练。教师所要做的就是通过这些技能训练的帮助逐渐实现知识的灌输和学生问题的解决。而随着各国教育改革的不断推进，教师的专业化成长已经成为世界教育改革发展的重大课题。关于教师研究的中心课题是未来教师要成为一种怎样的专家形象。而实际上随着教师专业化的不断成长，教师的能力也是在不断提升的，但是这种不断提升的能力却无法作为一种集体的经验保存下来，反而是流失了。集体教研的好处在于能够将每一个教师不断成长的经历因为不同年龄阶段的搭配而成为一种经验保留下来，成为集体共同的经验。这就能够让教师在草根的文化环境之中不断实现专业成长。教师也能够成为具有工匠精神的专业领域研究者。年轻教师在集体教研的过程中模仿专家型教师，不断提升和学习。专家型的教师能够在问题的不断提出过程中反思和研修，从而拓展集体学习的领域。所以说是草根的文化环境，是因为工匠型教师能够像草根一样吸收专家型教师研发的结果，牢牢抓紧教师集体研修的每一个问题，经验传承是毫无障碍的。教师进行"校本研修"，尤其是借助实际的案例进行研究，彼此展开实践反思与评论，交流与分享教学的实践经验，教师能够不断成长起来。工匠型教师最终会逐渐成长为专家型教师，成为新的教学研修探索者。

二、课例研修是参与性的研修

教师的集体研修是相互听课。工匠型教师能够从专家型教师的课堂之中获取足够的经验。专家型教师能够从工匠型教师的课堂上发现闪光点和问题点，集体研修共同进步。这种研修方法能够帮助教师积极进行筹划工作，帮助教师开展反思活动。

教师的教授和学生的学习都是看不见的活动，通过课例教学实践活动能够帮助教师把这种"看不见"的关系转化为"看得见"的研究。课例教学研究室教学的设计、实践和反思三种活动循环往复。从教师的实践知识来看，课例研究已经转变成为一种基本的学习方式，认识到自己与他人教学的异同，从而学会把握学生的学习与教材。而且不同的教师之间还可以进行教学的切磋。教师开放自己的课堂，对照同时的点评，能够认识自己的教学行为和班级学生的学习行为，最终发现自身的教学风格和信念。在和同事之间的交流活动中，能够让教师共同探讨课堂教学，分享教育智慧，也在师生之间获得情感体验，产生共鸣。

课例研究在本质上是共同的教学研修。在这种研修中，参与者并不是被动的，而是主体讨论，超越了客观的学习观，走向了共同的建构和学习。学生和教师开展的参与型研修，特征就是让学生参与、体验和交互，重视的是参与者之间的交互，更加重视这个过程中产生的创造力。

三、教学点评引起新的见解和思考

作为一个重要的环节，教学点评在参与型研修过程中并不是一种居高临下的点评，而是基于第三者的角度参与到教学研修活动中。教学点评的目的在于发现问题。教学者与点评者依据实际的情况开展相互交流与分享，讨论各自反思的见识与经验，形成新的见解和思考方式，实现整个教学活动的改善。教学点评并不是为了获得统一的答案，而是通过发现具体的事实，分享出新的思考方式，同时也获得教学过程中的乐趣。

在学校和团队中借助课堂案例的观摩以及点评，是一种拥有多样的教育知识和经验的教师一起探索并培育实践智慧的活动。归根结底，这是由实践智慧结成的实践者学习共同体活动。在教学点评的场合，教学点评是借助具体案例的事实，通过围绕课堂事实的讨论。教师在观摩和点评之中不存在权力关系，而纯粹是经验的交流。如果运用传统的方式，则会引起教师之间友谊和平等关系的破坏。

在一个创建学习共同体的学校中，教师的课堂往往会围绕三大课题展开：尊重每一个学生的学习，尊重教材隐含的内在学习发展性，尊重每一位教师自身所秉持的哲学。而教师在课堂实践和点评中，则能够相互学习和成长。教师的教学研讨会转型让学生和教师都更加热衷于学习，之前的研讨会纠缠于优良中差的评定对于教师来说是无益的。这种模式下教师的评价或者建议是在"相互学习"的角度下展开的，点评的具体模式往往是按照下面这样的思路展开的：

- 在什么场合才能形成学习？
- 在什么场合可能会困惑？为什么？
- 自己（观摩者）通过这节课学到了什么？

经过这几个问题的追问，教师的点评和观察不是围绕课堂教学水平，而是围绕学生学习的事实，也就是我们所提倡的核心素养关键表现。

四、课堂研究则以设计和反思作为基础

在学校中，建构式的学习或者教学并不是为了追求完美课堂，而是要实现尽可能提升学生的学习品质。在课堂教学设计中，教师要尽可能依据学生的学习事实，在课后进行以反思作为中心的教学研讨与点评。而在具体的点评中，这种点评模式则是非常困难的。每一个教师在课堂上都有上好每一堂课的欲望，主观上会按照自己的标准去评价一堂课。这样，他就会秉持着自己对课堂的见解，先入为主地去探讨课堂的事实。这种探讨与集体讨论或者学生的学习观念相比，是有差距的。因此，在课堂上教师要更加注重自己随机应变的能力，依据学生课堂的实际变化，对教学的状况进行把握，而并非确定课堂开展的模式。教师是要成为一个课堂的"导演"，但是更重要的是做好一个"演员"，与其他"演员"（观众）一起上好这堂课。因此，对于教学点评来说，其规则应当包括以下这些方面：

第一，教师点评的对象不是如何教的问题，而是基于课堂教学发生的事实，讨论学生在哪些方面获得成功，在什么地方出现瓶颈。教学研讨的目的不是创造优良的教案，而在于一个稳定的相互学习关系。教学谈论的重心不是教材的解释和教师的技术，而是在课堂基础上每一个学生的学习情况。正是这种具备缜密性、准确性和丰富性的监视过程，才可能为创造性教学奠定基础。

第二，在教学研讨中，教师并不是对执教者提出建议，而是讨论自己的收获，通过多样化的心得相互进行学习。点评是建立在相互尊重以及彼此合作的关系上进行探讨。

第三，在教学研讨中，观摩教师不应当缄默不语，而是实现民主性的研讨，主动发表自己的意见。主持评价的教师应当以"不总结、不归纳"为"铁则"。唯有畅所欲言的教学研讨能够结出丰硕的果实。

第三节 核心素养统领学科课程发展

在核心素养的引领下，基础教育课程已经开始进行转型。人们所关注的学生素质和能力的培养，在本轮基础教育课程改革之中都会有所体现。然而，对于教师来说，要顺应这一次教育课程改革，首要的是正确理解核心素养和本次课程改革的关系。

一、核心素养引起课程改革和发展实际的再创造

从前文的论述可以看出，我国关于核心素养的表达和西方国家是有所不同的。我国关于核心素养的文件中指出，我国学生的核心素养教学是参照我国基础教育的实际情况，是一种观念上的创造。具体来看，这些理解主要体现在以下几个方面：

首先，我国核心素养是贯彻我国基础教育"立德树人"根本任务要求的结果。基础教育阶段学校课程是落实教育根本任务的重要载体，基础教育阶段学生的核心素养就是将教育的根本任务落实的根本途径。我国核心素养的定位是对学生适应我国社会发展变化需要的全面概述，是对 21 世纪信息时代需要的创新、批判性思维以及沟通交流等方面的全面胜任。因此，本轮课程改革所采用的"核心素养"以及理论建设在本质上是对当前中国政治、经济和社会状况等问题的全面回答，关系到教育"培养什么人"以及"怎样培养人"这样的根本问题。

其次，"核心素养"这个提法是对我国历来教育课程改革成果以及经验的继承和发展。在根本价值取向方面，"核心素养"这个提法和我国 20 世纪 80 年代以来倡导的"素质教育"在本质问题上是关联的，是素质教育在新时期的深化。素质教育的目的是改变当时过分强调的"唯分数论"这种疾病，实现育人模式的转型。而回归到"核心素养"这一方面，则是对素质教育理念的浓缩。我们不需要强调学生所需要具备的多种多样素质，而是要强调核心素质，要重视学生的国家观、社会观、家庭观以及能力知识观。所以没有沿用"素质"这个提法，是因为把更多的内容包含到了其中，把更多的教育主体融入到了学生的培养中，注意到了学生知识与能力培养的全息性。在全国教育大会上，习近平总书记指出，要加强家庭和社会在教育方面的责任，实际上就是指出学生的培养不仅仅是学校的事情，而是全社会都应该关注的，学生的培养也不仅仅是知识和能力，还包括家庭教养和社会培养这些方面。

最后，以"核心素养"作为基础教育的目标并不是意味着传统上强调的知识和能

力不重要了，而是更加重视，将其与其他方面的知识与教养联结起来，形成一个全面的系统。我们虽然强调核心素养，并不是只重视核心的观念和内容，而是在核心素养的统领下重视学生素养的全面提升。

二、基于核心素养的课程改革面对的问题与可能的突破

概括来看，围绕核心素养的课程改革，试图是在回应以下五个方面的问题：

第一，建立和完善我国基础教育的教育目标体系，实现立德树人的根本任务。我国虽然在形式上已经确立了基础教育的总体目标，但是各个学科的教育目标，再到各个学科的学段以及学期目标，却没有一个完整的目标体系。我国基础教育总体目标是关注学生的全面发展与社会适应能力，但是相对于具体目标来说，过于抽象，内涵和外延缺乏明确的界定和系统影响。因此，到实践层面上看，则往往会因为应试教育和具体学校的教育任务受到影响。总目标和具体目标之间的微弱衔接也会被打破。

因此，构建系统的核心素养模型是构建我国基础教育总体目标和学科教育目标的关键环节。核心素养模型作为一个具体化的目标体系，是立德树人这一教育根本任务的参考框架，为各个学科在课程目标内容和学习机会上深度融合提供了依据。此外，通过解释整个基础教育阶段核心素养的不同表现特征，可以构建一个以核心素养为轴的，和基础教育阶段学生身心发展水平密切结合的这个目标理论在课程标准、课程设计和管理、教学、评价以及教师专业发展各个方面的重要基础和依据。

第二，解决当前我国基础教育目标体系割裂的问题，实现学生学习方式和教学模式的转变。我国的课程改革以来，为了打破学科教学过分注重知识点的传授模式，全面实现课程改革的总体目标，提出了系统的学科教育目标，但是由于理论以及显示的原因，"三维"目标往往只剩下"二维"，而且是残缺的。教师教学往往是只重视"知识与技能"，忽略了"过程与方法"以及"情感、态度价值观"。

核心素养有助于重新审视"三维目标"的整合问题。在本质上，核心素养是应对与解决复杂的、不确定的现实生活情境品质。这个过程离不开个体能否综合运用相关的知识技能、思维模式和探究技能以及态度和价值观等内在的系统。在这个意义上，核心素养是"三维目标"系统的整合，而且是发生在特定的任务情境之中。核心素养是个体和情境的持续互动。在这个过程中，个体在情境中通过活动实现知识、思维和探究等方面的融合。教育或者教学的观念就在于在这些合理的情境中通过适当的活动促进学习的发生，实现学生观念上的转变。核心素养教育的这个模式转变要求教师能

够创设和社会生活紧密联系的教学情境，让学生感受到体验式的、合作的或者探究的学习模式。

第三，改变当前课程标准的模式，创建以核心素养为中心的课程标准，引导教师和学生更加重视核心素养。要以立德树人为根本教育任务，在跨学科素养的基础上，反思学科的本质观和育人价值，凝练各个学科的核心素养，研制以核心素养为中心的质量标准，形成跨学科的观念整合与重构，强调学科思维方式与探究模式的渗透。修订以后的课程标准，真正体现了"育人为本素养为纲"的设计理念。

第四，改变当前以学科知识掌握为中心的学业质量标准观念，构建围绕核心素养的新型学业质量观念。我国，将应试教育为中心的课程理念彻底转变为学生素养为核心的理念并非一朝一夕的事情。新的学业质量观注重学生在完成各个学段学习以后应该具备何种素养以及如何将自己具备的素养表达出来。在教师看来，这种学业质量观则是要依据学生的实际需求，设计具体的教学方法和策略，选择课程资源，将带有明确描述的学业质量融入课程标准中，突出学生的核心素养培养。而在学生核心素养评价方面，学业评价则要围绕学生核心素养的要求，将抽象的标准设计为一个个具体的标准。

第五，破解学生核心素养评价的瓶颈。上文提到，核心素养评价是一个关键构成部分。我国现有的学业评价模式多是集中在纸笔形式上，集中在学科知识和能力上，而在核心素养的要求下，这种评价方式则是有明显缺陷的。因此，学业评价要围绕新的目标进行转变，重视一些情境性问题的考核评价，关注学生在真实任务情境中的表现。教师或者学校可以通过观察、讨论、展示等多种方式收集学生在不同场合、时间和形式的多方面证据，实现对学生核心素养的全面评价。实际上，在教育技术方面，依托学业质量标准对学生核心素养的全面评价已经成熟了，利用大数据和区块链技术将学生的日常表现形成一个综合的评价体系，指向学生核心素养发展的共同体建设。

三、核心素养是课改深化的标志

从功能上看，核心素养是人一生的精神财富，支撑着人生意义、价值和幸福。核心素养决定了一个人的人生高度、格局，以及人的生活品质和定位。核心素养让人的生活更加有尊严，有意义，有价值，有境界。一个社会的文明取决于这个社会所有成员的素养。因此，对于教育系统来说，所有的教育活动都应该围绕核心素养，从各个角度实现核心素养的深化与细化。

在具体的学科领域中，学科核心素养指的是学生通过该门学科的学习形成的必备品质与关键能力，是学科给学生留下的最优价值和意义的内容。具体来说，学科核心素养是经过学科教育之后个人所能够展示出来的能力、行为、气质和行为，这些素养构成了人们在社会上生活的独特性。反过来看，学科核心素养是抽象核心素养在学科的映射。传统的学科教育之中虽然也包含学科核心素养，但是在这些核心素养的培养上，学校和教师更关注的是学科知识的容量、难度，教师对学科的知识点和训练点非常熟练，但是却甚少了解学科知识对人的养成价值。而学科核心素养教育这种模式的转变正是破解这个问题的关键因素。

核心素养教育是从学生的视角去界定课程和教学的内容，是人本主义教育观念在课程教学设计中的关键。教育的任务就是要提升人的素养，让我们围绕人的素养这一定位去思考，实现人的能力和观念的可持续发展。

回到课程改革上，我们提倡课程改革就是要从三维目标转向核心素养目标并不是简单的取代或者否定，而是实现课程改革观念的深化与发展，是对现有教学方式的突破。换句话说，提倡课程改革是新的时代观念以及科学教育观念对课程教育观念的改革。

四、核心素养统领课程教育变革

北京师范大学发布的学生发展核心素养研究成果对学生的核心素养进行了详细的阐释，给课程改革指明了方向。而站在教学管理的角度，核心素养的提出为课程改革提出了新的挑战。

（一）调整课程目标定位，引领核心素养培育

课程是一个重要的载体。世界主要国家和地区均在课程的重要环节加强了学生核心素养的培养。我国基于以核心素养为核心的课程标准正在不断修订中小学课程体系，各地教育部门与中小学校也在纷纷开展基于核心素养的课程实践研究。

在课程目标中融入学生发展核心素养。从不同学科特点来看，选择我国学生发展核心素养总体框架应关注的重点内容并落实到各个学科的课程目标中。细化不同学科的课程标准，研制基于核心素养的学业标准。学科课程标准要体现学生核心素养的内容、路径与方法。因此，基于目前的学科课程标准现实状况，要跟紧基于核心素养的学业标准：一是要落实学科层面的核心素养要点；二是要结合课程的特色，深入细化与丰富学科层面的要点与内涵，也就是遵循从学生核心素养的基本内涵出发，到学生

核心素养的表现以及发展核心素养学科要点以及内涵，层层细化，实现学生发展核心素养落实到学科；三是要讲核心素养学科特点以及学科的学习领域，研制基于特定核心素养的学业标准。

在课程实施方面，以核心素养的学业质量标准改善课堂教师教学与学生学习，实现教师教学和学生学习方式的彻底转变，真正实现课程从学科本位发展育人本位，落实学生发展核心素养。学生发展的核心素养是 21 世纪国内外基础教育共同关注的热点专题，而课程则是培养学生核心素养不可或缺的载体。

（二）教学内容优化，聚焦学生核心素养

随着核心素养作为统领的中小学课程体系逐渐形成，实现核心素养在课程教学中的落实成为我国基础教育实践领域核心素养研究课题。一些发达国家正在实现基于核心素养推进课程与教学领域的改革过程，初步呈现出重视学生的独立思考能力，以问题或者项目为中心进行教学，充分利用信息技术以及课外资源这些教学特征。在课程改革以后，教师积极推进自主合作探究的教学方式，带动教学发生变化。但是在学生核心素养的培养过程中，教学仍旧需要不断进行改进。

首先，学生在独立思考与自主探究方面还有欠缺。我国课程改革一直倡导学生开展自主、合作和探究式的学习，推动学生自主学习，然而在进行课堂调查研究以后，课堂上仍旧是以教师为主体，学生的自主探究能力开发仍旧不够显著。学生很少主动发言，教师接纳学生意见的比例就更低。这种教学模式虽然刺激学生主动进行思考，但在总体上看，学生的自主创新精神仍旧没有彻底激发起来。因此，在教学中，仍然要加大这方面的力度，刺激学生进行足够多的自主思考，促进他们创新能力的培养。

其次，在教学活动中，启发式教学的开展仍旧不够完善。启发式教学是为了实现学生思维的激发，引发学生进入深度思考之中，因此这种教学模式的重点是提出能够让学生主动思考的问题。而在现实课堂教学中，我国教师开展教学活动中，教学的答案已经预设好了，因为他们问的大多是判断性问题，以"对不对"、"是不是"为主，或者就是简单的"是什么"这样的陈述性问题。这种问题的结果往往是确定的，学生几乎不需要进行任何的思考。而对于那些能够激发学生进入深度思考的问题，教师往往不怎么会提出，因为这些问题往往会刺激学生随意进行回答，结果是课堂的进度难以把控，从而耽误整个教学进程。然而，从核心素养的角度看，这些问题如果不提出，学生很难进入到深度思考的环节中。因此，在教学中，这些问题仍旧要有一定的比例，启发学生进行思考。考虑到实际教学，教师要围绕教学中心适当搭配问题比例，让学生回答问题时自身的思路能够顺延式地进入到深度思考之中，从而达到启发式教学的效果。

最后，要积极开展跨学科的项目教学。正如前文提到的那样，核心素养并不是一个简单的中心，而是围绕核心素养这个中心形成的一整片的素质。教师在进行核心素养的教学中，要围绕这个学科的中心问题，将本学科的知识和结构化知识以有效的方式交给学生，刺激他们掌握本学科的知识结构和思维方式，形成本学科的专业能力。但是鉴于我国学生的实践能力以及解决问题的能力较弱的实际状况，教学中仍旧需要跳出本学科的界限，开展以项目为中心的教学。这种模式并不是为了赶时髦，而是要在各学科知识的配合下，进行跨学科的项目教学，实现学生综合实践能力的提升。另一方面，教师还可以带领学生走出校园，为学生的学习创设真实的情景，利用信息技术和课外资源引导学生提升问题解决能力。

（三）评价方式建构多元化，引导核心素养教学的落实

在学生核心素养教育的引领下，如何进行教育评估是一个焦点。因为教师会在教学评价的指挥棒下工作，有什么样的评价方式，才会有什么样的教学。我国学生发展核心素养总体框架将会开启我国在核心素养教育中的评价工作，如何在不同层面上开展教育评价工作，可以从以下几个方面入手：

第一，整合国家层面的评价框架和指标之间的关系。新课程改革以来，国家曾经颁布过三个和基础教育学校评价相关的文件。这些文件指向学生个体综合素质评价。这些文件提出了具有相似程度的质量评价文件。最新公布的文件根本任务是落实教育方式，将立德树人的根本任务落实到具体的教育环节中。在过去的几年中，这个框架已经和正在修订的不同学段的课程标准进行衔接。因此，从国家层面进行教育评价考试制度的顶层设计，实现不同层级的教育评价工作，将会成为一个重要的课题。也只有在整合现有评价框架之后，才能将不同层级的教育工作整合在一起，引导学校教育朝向促进学生核心素养的方向发展。

第二，建立一整套围绕学生核心素养的学业质量考查标准，将不同年级不同学科的要求公布出来，引导教师围绕这个考查标准进行工作。学业质量标准是评价学生实现核心素养程度最为具体和最可操作的指标。由于这一工作的完成仍需一定的时间，因此，结合不同区域的实际教学情况进行教育评价手段的二次开发仍旧是有必要的。这种二次开发工作一方面有利于指导教师在日常教学工作中准确把握学生的核心素养，另一方面则可以起到具体教育评价手段介入到区域基础教育中的缓冲作用，也能

够逐渐将学生核心素养评价落实下来。

第三，围绕学生的认知能力，重视学生的非认知因素评价。核心素养在评价内容上更加强调批判性思维，探究能力，问题解决能力以及实践创新能力等方面的考查。但恰恰由于本身存在的综合性和抽象性以及情境性这样的复杂特征，从评价本身要求的科学精准性说，这方面的评价也就成了一个全世界共同面临的问题。各国关于这一方面的问题的评价也进行了很多探索。他们将情景唯独融入测评工具之中，为学生展现多维度的高级认识能力提供现实的任务载体，探索表现性评价、档案袋评价、问卷调查等多种评价方式，关注形成性评价在日常教学之中的应用，注重将社会评价与校内评价结合起来，设计提取学生校内日常核心素养的评价结果。

第四，开展面向教研员和教师群体的师资培训工作，为核心素养评价质量的提升提供保障。从上文的论述已经可以看出，核心素养评价非常复杂，需要专业性人员有针对性地开展工作。因此，教研员以及教师群体的系统培训已经成为当务之急。在培训方式方面，还应积极探索适用于学生学习的其他评价形式，使得参与者能够对工作深入理解，掌握与落实核心素养的要求。

（四）推动管理改革，保障核心素养落实

国际上对于教育管理改革的认识越来越注重，教育管理方面推动着教育资源、制度建设、教师发展和教学环境等方面进行相应探索。当前，我国学生发展核心素养总体框架的发布对我国当前教育管理提出了新要求，如何从教育管理的角度保障核心素养的落实已经成为当前迫切需要解决的一个问题。

首先，转变教育目标指向，树立全面教育质量和教育政绩观。学生发展核心素养作为连接宏观理念、培养目标和教学实践的桥梁，在落实的过程中推进核心素养教学理念的传播，使得新时期教育目标更加清晰，传播也更加广泛。同时，在管理上建立以学生核心素养培养为核心的课程体系和评价标准，把新教育质量观和教育培养观推广到教师群体中，尊重教育规律，关注学生本身，重视学生的社会责任感、创新精神和问题解决能力的培养。

其次，要深化教育领域的改革，统整教育资源，跨领域跨学科地进行合作。站在宏观管理的角度来看，中国学生发展核心素养，一方面为各个领域的发展提供了动力，另一方面则为其他领域的工作提供了一个标杆。站在微观管理的角度看，全面实现学生核心素养培养的落实，要关注学科之间的互动，克服学科的知识本位思想，更加注重学生跨学科素质的建设，同时也避免课程——教学——评价的不一致。而在管理上，则要实现政策、理论和实践层面的协调，真正使得教育的顶层设计落实到教育的日常活动中。

第三，推进学校管理制度的民主科学建设，鼓励学校围绕核心素养进行校本课程开发。校园的管理制度建设是保障学校核心素养落实的手段，建设一整套的教学管理机制，让教师参与到学校核心素养教学的管理中，影响学生教学民主化意识的养成，同时也激发教师和学生的创新能力与思辨能力。而校本课程的研发则从理念上打破了传统学科和知识的本位思想，校长和教师作为课程开发的主体，更要明确核心素养的要义，通过全息性教学，使得学生核心素养教学真正落实。在具体的教学内容上，学校要贯彻综合实践课程的指导意见，开发学科核心素养培养的综合性课程，提升学生的深度思考能力，实现学生的全面发展。

第四，对教师进行核心素养教学的培训，促进教师教学理念的转变。教师的基本教学技能和教育理念的理解是直接影响教育改革发展的重要因素。学校管理部门应当通过完备的教师培训活动，保障在教学活动中能够真正落实学生核心素养培训。校园管理者自身更要重视核心素养的要义以及内涵的理解，带动学校教师真正理解核心素养教学，创新探索落实核心素养的有效方式。同时，学校要组织教师开展学校教师区域互动学习小组的建立，借助全国教师研究的力量，引领教师进行核心素养的学习和教学。

第四节　以学生素养为中心的课堂教学转变要求

一、打造多元对话的课堂准则

从前文的论述可以看出，我们在本章中谈论的一直都是课程，而课程能够落实则要依靠课堂。因此，课堂转型不仅是学校和教师的事情，更是整个社会都要关注的课题。对于学校来讲，课堂的转型意味着学校校园文化观念的转型；而对于教师来说，课堂转型则是新教育责任的承担。

（一）课堂的含义

课堂在字面意义上是一个物理上时间与空间的交错。不过对于学生来说，课堂就是一个世界。在建构主义教育者看来，课堂是被赋予了更丰富含义的制度化场域，是知识建构的场所，形成了多维的社会关系。因此，学校的课堂不是一个单纯的物理空间，而是一个文化与知识交合的多重空间。

课堂上交织着多重的声音。在我们前文讨论的学习共同体看来，课堂是一种对话性的实践。课堂教学则意味着教师以教材作为媒介，指导学生积极完成自身学习的过程。课堂教学的活动不是提供或者灌输一个标准答案，而是要让学生主动生成一类知识，也就是在学习共同体之中反复咀嚼和回味自身经历的体验以及学习经验，形成自己的判断。在这个判断形成的过程中，会有许多事情发生，诸如学生的人际关系，自身成就感，道德主张，以及感受到的学习本身的乐趣。

（二）课堂协同式教学

从以上论述来看，课堂的意义是因为教学而生。课堂的转型意味着教学模式的变革。在课堂教学的历史上出现过不同的教学模式，如传递式教学、认知性教学和协同式教学。传递式教学主张教师把知识和技能传授给学生，认知性教学则是强调教师传输给学生一种认知策略，协同式教学则是教师主张学生从个人主义的学习转向集体主义学习。从国内外的研究来看，实现这种多生对话的教学，要满足下面五个条件：

（1）课堂上互惠的协作关系。课堂上学生们组成学习小组，小组的伙伴有不同的角色和责任，对小组共同的学习负责。

（2）面对面的、积极的相互交流。伙伴之间会因为课题的关系而相互帮助，相互激励，共同思考问题。

（3）双重责任。小组成员在学习的时候要担负小组责任和个人责任，自己的作用在小组中仍旧是无可替代的。

（4）小组成员的社交技能。社交技能因为小组的讨论而不断成长和发展。在这个过程中小组之间的交流会产生道德关系，有人会以貌取人，有人虚荣心大盛，但是指导者（教师）的作用能够及时发现这些问题而帮助学生克服这些道德和修养上的缺陷，从而帮助他们提升自己的社交技能，或者说是与人际关系相关的核心素养。

（5）改进集体活动的步骤。在集体内部反思协作关系是重要的作业，也就是在小组内部反思怎样的程度上很好地实现目标。

在课堂上，这种协同式教学的实施有主要保障每一个学习者的关联，作为传承文化知识的学术世界和现代社会课题的关联，伙伴之间的关联，过去现在和未来的学习者自身学习路径的关联。然而要挑战这种难题并不容易，可以考虑如下这些方式：第一进行自我建构，保障每一个学生展开自己的学习，形成一个作为掌握课堂核心素养学习经历的课程，实现学习者的自我建构；第二，进行教学建构，组建学习小组，形成协同学习，构建一个学习者的"我们"关系；第三，共同体建构，这种建构不仅发生在特定的时间和班级，而且可以超越学校，教师和家长协同社区帮助学生构建学习共同体。

在课堂上，课堂转型意味着多生对话的课堂创造，我们面对的学生都是独一无二的，每一个学生拥有与众不同的兴趣、阅历、知识与经验。作为一线教师，他们的责任是创造一个安全的、关爱的、有序的学习环境，让每一个学生享有挑战学习的机会。在传统的教育思想中，学生的学习被定义成为问题的进展，教育就是按照预设的路径朝着固定的教育表推进。教师会根据小组的进度主动去调整小组内部的偏差，可以是小组的调整，也可以是学生的重点辅导，帮助学生持续维护小组的存在，使得他们的讨论能够始终在一个区间。学生的思考正是产生于对话之中，每一个人都能够在自己的体验或者经验之中引发一种特定的感觉，表达出来，引起别的同学的深度思考。教师上课的本质正是基于这种表达和深度思考，激活学生的认知冲突，展开学生的集体思维。

（三）课堂对话的准则

在这种课堂上，最有可能出现的就是"一言堂"，每一个小组都有可能出现一个学习上的领袖，他会强势带动学习小组的推进，同时也遮蔽了其他学生的发言权。在这种情境下，教师要做的就是保障每一个学生的"学习权"。教师在展开课堂教学的过程中必须践行如下五个方面的准则：

第一，保障学生的参与，也就是保障学生学习活动的投入强度和素质。不仅在课堂的场域，而且在人际关系层面形成参与式学习以及相互学习的伙伴关系。

第二，保障学生的对话，也就是形成学生之间的相互倾听关系。

第三，保障学生的分享，也就是拥有源于相互学习关系的共同理解的一体感，以共同的话语系统构建学习知识。

第四，保障学习的多样性，也就是在课堂教学中保护学生之间的差异性，进行源于差异的探究。在探究含糊以及出现歧义或者不理解的场合中，融入更多的理解。

第五，保障学生的探究，也就是保障教学过程中源源不断地产生新的译文，形成周而复始的持续性探究活动。

显然，在这些准则之下，开展整齐划一的教学模式是不切实际的，也不是我们需要的。因此，基于不同情境的特点，寻求不同要素的互动以及达到优质教学的动态过程，却是必要的。对于一线教师来说，做到这一点，需要掌握以下这些步骤：

第一，多元交响——多生对话思维可视化，使得每一个学生相互倾听各自的声音。首先在每一个学生自身的思考过程中养成一个倾听的态度，教师要在协同学习中面向不同学生的教学。

第二，相互应答——聚焦重点课题，研究差异的原因。单凭各自的自说自话，其话题往往是零散的，难以作出归纳，得出结论。教师必须通过教材的梳理与同学的讨论，应当讨论出一个课题，聚焦重要的论题。

第三，深化学生的理解——以单元为单位的自我反思与学习过程的可视化。在之前的教学活动中，学生回答的问题大多是基础性问题。如果仅仅是这样的问题，那么就会让学生失去兴趣。教师要提出能够引导学生进入深度思考的问题，让他们感受到学习的兴趣。

具体到每一个教学活动中，由于教学内容的不同，实际的教学步骤也会有所差异。教师要整体把握，构成短周期与长周期的相互交织。这正是打造多生对话所要求的。

二、主题课堂教学走向核心素养的培育

近几年，我国开展了许多这方面的研究。这里把他们整合归纳起来更加深入地探讨学生核心素养培养课堂的意义和价值，推动课堂教学改革。

核心素养的培养并不是单一式的，而是通过主题教学展开的。具体到课堂教学中，主题教学则是整合的，使得学生淹没在课堂教学的知识训练与能力训练中。课堂上学生的学习是发现问题、分析问题与解决问题的过程，在这个过程中展现自身的能力。主题教学则是把这些整合起来，把碎片化的训练整合起来形成一个整体，让学生分析问题与解决问题的过程形成一个循环系统。

主题教学还是一个开放的系统。一个教学单元形成一个主题，但是从不同的角度还可以把其他课文整合进来。学生通过这样的学习，则能够站在不同的角度和层面来思考同样的问题，然后感受不同的表述方式的力量。

主题教学也是一种情境教学，在学生创新思维培养这方面具有非常大的优势，让学生在真实的教育场景中承担学习任务，积极发现其中的问题。这种主题教学不需要老师去安排作业，而是简单地把一个个知识点所突出的问题展现出来，让学生去思考，把这些问题融合在一起。

因此，主题教学提供了一个范式，这个范式之中主题教学有不同的表达，核心是

创新。从这个角度看，教师只是一个指导者，引导学生去发现问题，而不是灌输者。儿童本身是一个主题的发展。学科的主题和学生的主题通过教师和课程的链接形成一个整体。

实际上，主题教学开展并不容易，有一定的条件，而且对教学的水平要求比较高。在主题教学中，整合、开放甚至新的融合都不是目的，目的是培养学生的素养。学科教学虽然设立的有毛病，但是仍旧有其道理。分学科教育形态也并非是中国所特有的，而是国际上都存在的。有些任务就是要依靠学科来完成。现在人们并不是通过自身的理念去展开教学，而是在教学评价的指挥棒下去展开教学。所以我们要回到学科的基点去展开教学，再到科技整合，并不能完全颠覆以前的东西。

目前，我们已经进行了很长时间的课程改革，一些新的理念开始普及，但是我们调查发现，很多学校基本上还是老一套，甚至于同课改之前相比，学生的负担更重。根本原因就是，核心素养环境下，整个宏观环境并没有彻底地改善，无论是什么理念仍旧要求符合整个宏观环境的需要。也就是说，开展主题课堂教学仍旧需要社会和家庭的支持，通过全息性的教学展开学生核心素养的教学活动。

第四章　科学教育与科学课程体系

科学教育与科学课程体系在科学核心素养培养中是重要的载体。在不同的阶段，从宏观层面上推进学生科学核心素养提升的一个重要手段就是推进科学课程体系改革，系统性地推进科学课程的发展。

第一节　科学教育的发展与科学教育的取向

一、科学教育的发展

科学教育的发展源自于古希腊时期的七艺教学，只不过直到文艺复兴前期一直没有得到真正的重视。在文艺复兴后期，人们越来越重视自然科学的作用，医学、几何、算术、天文等方面的教育也逐渐开展起来。而在工业革命之前的 16 世纪和 17 世纪，随着开普勒、伽利略等人在自然科学方面的探索，人们更加重视开展自然科学教育的作用，之后在牛顿、莱布尼茨等科学家的影响下，科学教育已经开始形成一个完整的系统。而在这之后，正如我们前文提到的赫胥黎、斯宾塞这样的科学主义教育思想家，彻底把科学教育形成一个完善的体系，人们认识到科学教育对社会的重大作用。科学教育不仅仅停留在高等教育阶段，而且在初等教育阶段，在贺拉斯·曼等人主张的公民教育体系中也得以展开，为社会培养具有科学教育素养的公民。而自此之后，西方国家的科学教育活动顺利展开，真正争得了与人文教育相当的教育地位。

在中国，科学教育活动也是一直存在的。最早春秋战国时期的墨家是系统开展科学教育活动的鼻祖。墨家中的科学巨著《墨经》是一部内容丰富、结构严谨的科学著作，书中讨论的问题不仅有认识论、逻辑学，还包含了时间、空间、物质结构、力学、光学等自然科学的知识，有些问题阐述非常严谨，具有十分重要的科学价值。而伴随着中国古代科学技术的发展，中国封建社会的科学技术教育不断传承下来，不过这种传承是师徒制，所留下的文献并不多。因此，我们并不能看到关于中国古代科学教育制度的太多相关内容，只能从我国古代的科技成就之中感受到古代科学技术教育的发达程度。从我国的水利、建筑、算术、航海、医学等方面的科技成就之中可以看到我国古代科学技术的传承是有一个独特体制的，师徒制、独自探究的科学发展方式将我国五千年的科技文明不断传承下去。然而，我国科学技术教育并没有受到封建统治者的青睐，对于科学技术多以奇技淫巧之名贬低。因此，我国封建社会的科技文明虽然能够传承，但是传播范围并不广，是有限的科学技术教育。以儒家思想为中心的人文教育，仍旧是我国古代教育的主流系统。而到1840年的惊天巨变以后，我国的科学教育才逐渐得到真正发展，外国人携奇技淫巧的科技撬开了中国的大门，中国人则逐渐看到了科学技术的重要性。随着严复先生"物竞天择，适者生存"的一声号召，先进的中国人纷纷出国留学，为中国带来了外国教育的先进技术，在中国逐渐开展了科学技术教育。在这之后，随着多次学制的改革，我国科学教育终于在1922年正式在学制之中确立了其地位和系统。

综合中外科学技术教育的发展，可以看到科学技术教育主要是受工具理性的作用。由于科学教育对于社会发展的重要影响，人们才开始重视科学教育，慢慢发展起来。而随着人们逐渐看到科学技术对社会的负面影响，重新审视科学技术教育，站在和谐共生的角度去看待科学技术教育就成了当代社会科学技术教育发展的重要特征。也就是，我们接下来要谈到的科学教育的取向问题。

二、科学教育的取向

（一）HPS与科学教育

所谓HPS是指科学史（History of science）、科学哲学（Philosophy of science）和科学教学（Science teaching）常一起被简称为HPS（History and Philosophy of Science）。在科学教育系统中，HPS是作为一个整体概念出现的。它们之间存在着重要的内在联系。而从当代科学教育的需要来看，科学教育之中如果没有科学史，那么在许多方面就会有缺失，例如科学精神、科学态度。这些是无法通过知识进行传授的，只有通过先贤精神的感染。

1. HPS教育引入的历史

西方教育历史中，最早提出科学史教育的是法国哲学家孔德。他认为，随着科学学科的不断分化，学科教育主导的学校教育培养的专门人才难以胜任法国大革命以后的重建的重任。因此，他提出了以实证科学知识为主题的通识教育构想。培养通识人才的过程中，所教授的知识是在实证方法下可以整合的知识，而科学史则是通识教育的黏合剂，帮助人们了解实证科学知识的发展趋势。

在孔德这个观念的基础上，马赫又提出了将科学史与科学哲学融入实证科学的教育中，他指出没有任何科学教育可以不重视科学的历史以及哲学。

在第二次世界大战以后，美国兴起了反科学思潮，为了避免造成科学和人文的对立，科学史教育便崭露头角。这个时间哈佛大学校长科南特主张的大学生通识教育中运用案例教学方法实现了科学史教育的巨大成功。他的力量和方法对当时的教育计划有极为重要的影响。美国科学教育专家克劳普福继承了科南特的想法，在高中阶段开展了这一教育。依据克劳普福的研究，在高中开展科学史教育可以增加学生对科学以及科学家的兴趣。

哈佛大学教授霍尔顿在科南特和克劳普福两人研究的基础上，会同一些教育学家、中学教师进行了"哈佛物理教学改革计划"，开发了《改革物理学教程》作为中学物理的教材。这个教材中选用了大量的科学史内容，具有明显的人文倾向，最终成了美国历史上具有重要影响的中学物理教材。

在"2061计划"之后，1994年美国国家研究理事会通过了《国家科学教育标准》，将科学史与科学哲学的教育贯穿在小学与高中的教育中，要点是帮助人们理解科学是一种人类认识自己和未来的努力；第二，逐步理解科学的本质和科学史的一些内容。

2. HPS融入科学教育的价值

从HPS进入科学教育的历史可以看到，HPS教育在科学教育之中具有重大的价值，不仅可以促进学生更好地理解科学的本质，还可以推动科学知识体系的建构，影响学生对科学的态度。

（1）HPS与科学本质的理解

诺斯鲍姆（R. K. Nussahum）指出，当代的科学教育只是重视科学知识的目标而忽略了科学本质的目标。后一种倾向对于当代建构主义的科学教育来说，显然是一个必备的环节。在科学知识目标上，HPS教育蕴含的当代科学本质观反对纯粹的科学知识教育，认为只是强调了科学教育的工具理性，丧失了科学与人类社会的紧密关系。对于人类社会来说，没有永恒不变的科学真理，知识永远是相对的，处在不断的修正中。科学进步体现在"累积式"的量变，也存在"革命式"的质变。在HPS教育中，学生认识到所有的科学理论不是最终的真理，要接受科学的变更与改进。教学不再将知识作为绝对真理的呈现，而是讲有利于学生怀疑态度以及科学精神的培养。

关于科学认识的过程，当代科学哲学则认为，观察是理论渗透的。人们对于事物的观察并不是纯粹的眼睛看的一个过程，而是要有一个理念在其中，人在接受感觉印象过程中，感觉绝对不是空白的。人们的感觉决定了他观察的方向。因此，人的观察并不是客观的，而是带有信念和价值观的。

在科学的本质这一方面，HPS 蕴含的当代科学本质观抛弃了过去那种将"科学方法"神秘化的观点，认为并不存在一种单一的"科学方法"，而是多元的和丰富的。所以科学方法和科学知识同样并不是客观的，HPS 教育为学生学习和理解科学方法提供了一个平台，让学生理解科学方法的缜密设计。结合科学史和科学哲学，HPS 让学生了解科学家对于科学的情怀，同时了解其科学方法的操作性。因此，HPS 教育促进了学生对科学方法本质的了解。

（2）HPS 与科学知识建构

如诺斯鲍姆所指出的，科学哲学与科学史在科学教学中的渗透对于科学知识的学习目标的实现也十分必要，因为任一学科的教学都应充分反映这一学科的特殊性质，而后者则显然直接关系着学科的本质。正如诺瓦克所指出的："任何教授科学内容的过程，不考虑科学概念网络间的复杂性，不投入它的本质，这种教学注定要失败。我们的教学提供的是意文化的学习，而不是逐字或死记的方式。"进而，在不少学者看来，就如很好地了解历史对于理解一种文化传统或社会习俗（如婚姻习俗）有着特别的重要性，我们在此也应明确肯定科学史对于深刻理解科学的特殊重要性。这就正如著名物理学家、哲学家马赫所指出的，只有通过对于相关历史的考察，我们才能置身于相关的思想传统之中，才能真正理解相关的科学概念以及它们借以获得意义的理论框架是如何历史地得以形成的。弗兰克（L. Fleck）断言："不存在非历史的理解，也就是说，与历史相分离的理解。"显然，这事实上也就更为清楚地表明了科学史对于科学学与科学教学的特殊重要性。

概念转变理论（Conceptual Change Theory）帮助我们解释了以往学习理论没有解释的学习发生问题。概念转变理论和科学哲学有直接的联系，因为其包括了认知科学理论、概念转变和概念生态的理论。同时概念转变理论也和科学史有紧密的联系。因此，假如影响学习者最为重要的是学习者本身的认知结构，在科学教学上，教学者就应该首先了解学习者的想法以及学习的困难所在。学生的一些不同想法在科学史上有可能出现过，教师可以利用 HPS 中科学史的知识了解学生的认知，再进一步引导学生对科学的了解。另外，通过 HPS，我们认识到概念的产生历史，科学家也是经过了很久才能完全放弃原来的想法，教师可以借助这个过程理解学生接受概念过程中的困难。在实际教学过程中，教师可以借助 HPS 教育，让学生认识到他们概念的局限性，进一步刺激以及鼓励学生尝试接受科学概念。

（3）HPS 教育与科学态度培养

所谓科学态度指个人运用科学的方法探究科学的知识，并在日常生活中应用的意愿、习惯或者方法的总称。科学的态度是由直接或者间接参与各式各样的科学活动后形成的对待科学和科学家的一些感觉和想法，并进一步影响他们的行为。简单来说，科学态度就是对科学的正向或者负向的感觉，例如对科学的兴趣、对科学家的态度、对科学的社会责任认知等。HPS 教育影响学生对科学的态度可以按照以下几个方面进行分析：

第一，HPS 教育激发学生对科学的好奇心和求知欲，从而增强学生的科学学习兴趣。HPS 教育之中蕴含的科学故事和科学观念，让学生对学习对象产生了浓厚的兴趣，表现出学习的自觉性，能够以顽强的毅力克服学习中遇到的困难。科学史上的任何一种成功的探究本质上都离不开好奇心和强烈的求知欲。因此，将科学史料引入课堂，让学生体会到自然界的奇妙，引发学生的兴趣，可以使学生了解科学长期探索和不断努力的过程，激发学生刻苦学习的决心。

第二，HPS 教育培养学生的批判精神。当代科学哲学的发展突出了科学的批判精神，认为科学理论不是一成不变的，而是发展与进化的。科学本身就是科学家不断探索与克服错误的过程。而关于科学史，汤川秀树（Hideki Yukawa）有一段话发人深省："当回顾理论物理学的历史时，我们说得过分一些，几乎可以称为错误史。在许多科学家提出的所有理论中，大多数是错误的，因而没有生存下来。只有少数正确的理论才继续生存。……但是，没有少数成功背后的许多失败，知识就几乎不可能有任何的进步。"HPS 融入学科课程中，学生可以体验科学知识与理论体系的演变以及完善过程，而且能够学会运用批判与发展的眼光审视科学知识。因此，培养学生的批判精神，向学生指出科学发展道路上的各种困难，让他们树立战胜它们的勇气，最后达到前人没有达到的目标。

第三，HPS 教育培养学生的人文精神。关于科学的人文精神，有学者指出这是人性化的科学文化，也就是科学的新人文主义。这种人文主义是对科学理论背后的人性意义的探究，使得科学和人性联系起来。第一次世界大战以后，人们已经能够体会到科学进步带来的伤害，开始反思科学的危害。人们发现科学背后蕴藏着极其丰富的人文内涵。从最高的意义上说，科学史本质上是人类文明的另一种发展历程。学生去了解科学史就是了解人类历史中较为美好的一方面。学生能够感受人类为了自己的家园努力的连续性，以及人类科学和智慧的传统，从而得到新的价值观。因此，布拉什认为改变学生对于科学的看法，应用科学是一个很好的教学方法。它能在科学和人文之间搭建一座桥梁。通过科学史的学习，学生能够知道这些科学理论的人格魅力。HPS教育让学生感受到了科学的人文形象，从科学前辈那里汲取精神应用，领悟人文精神的魅力。

（二）STS教育与科学教育

STS是指科学（Science）、技术（Technology）与社会（Society），本是科学研究的一个重要构成部分，是对当代科学发展危机的理性反思之后采用的一种策略。当前，STS教育已经成为国际科学教育改革的一个重要构成部分，在我国科学教育改革中也得到了重视，并已经逐渐跨越初期的理论探讨与单学科面积实验，转向跨学科发现。

1. STS教育的目标

运用STS教育的理念审视科学教育，可以发现科学教育的核心因素是学生科学素养的培养，和STS教育的理论以及实践都有相当程度的一致性。第一，学生获得科学素养的过程和社会文化背景密切相关；第二，在获得科学素养的认识过程中，认知因素与社会、文化因素密切结合在一起；第三，科学素养中充满了科学技术的学术价值和社会背景价值；第四，科学素养的培养源自于特定的情景之中，并且受到社会宏观环境的影响；第五，科学素养的获得是一个积极活动的过程，必定受到学习者个人经验的影响；第六，科学素养的获得途径之一是交流；第七，通过一定的实践活动能够更加有效地获得科学素养。

STS课程追求的根本目标在于改变科学教育通过强化科学概念以及科学原理而对学生进行学术训练的传统，要求学生去关注科学和技术在具体社会情景中的应用，使得科学教育能够不断提高学生关注社会的科学素养。在具体的表现上看，STS教育打破了知识中心和分科主义的传统，围绕特定的社会情景，将科学和技术还原，围绕一定的主题进行组织。这种做法实际上是对"科学课程"概念的重建，也就是说，科学课程不是知识形态的教学内容提炼，而是在社会情境中通过对科学和技术的理解重新构建科学课程的具体形态。

显然，STS教育的根本出发点是培养学生的科学素养，是将科学素养作为适应社会和文化的战略转变而采用的一种态度。STS教育的目标概括起来就是培养全体公民的素养，可以作以下的理解：

第一，理解科学技术术语和概念；

第二，理解科学的本质，理解科学研究的过程与方法；

第三，全面正确看待现代科学技术的效能和影响，真正理解科学、技术与社会的相关关系；

第四，在日常生活中应用科学知识；

第五，对事物有科学的态度和兴趣，特别是能够促进公民的全面发展。

从以上的论述可以看出，STS 教育不仅是要让学生了解科学、技术和社会之间的联系，而且是要全面提升作为一个普通公民应有的基本素质，促进他们理解科学、技术和日常生活的结合，引导他们正确认识其关系。

2. STS 教育的内容

STS 教育所讨论的问题范围非常广泛，很难给予统一的界定，并且不同的目标以及内容相差甚远。美国学者派乐曾经把以下七个问题纳入 STS 的范畴之中：能源，人体，人类工程，环境质量和自然资源，太空研究和国防，科学社会学，技术发展对社会的影响。美国学者拜比则指出 STS 至少包括三个主题：科学和技术知识，探索技能，价值观念。我国学者指出 STS 教育的内容应包括这几个方面：科学和技术的社会环境，科学和技术的应用，解决问题的能力，学生的逻辑推理能力和决策能力，正确的科学理论价值观。

在我国初中科学教育中，STS 的教育内容包括三个主题：HPS 教育，技术设计，当代 STS 重大课题。具体来说，包括了解科学和技术的发展，了解科学、技术和社会之间的互动关系，了解科学和技术对社会的影响，了解科学和技术是生产力。这些范围的探讨基本上能够涵盖科学和技术教育的内在含义，而实际上仍旧有所欠缺。

我国 STS 教育应该包括 HPS 教育的内容，让学生了解科学、技术和社会之间联系的过程，认识到科学和技术的价值和负面影响，审慎地看待科学和技术。我国地大物博，人口众多，一些细小的影响在经过累积以后也容易造成巨大的社会影响，这几乎是确定的。在科学和技术的教育中，要让学生了解到这一点。科学和技术的社会促进作用是明显的，但是必须要让学生明白如何促进这一正向作用的发生。

（三）科学教育和人文教育

科学与人文是推动社会前进的双轮，也是使人协调发展、展翅飞翔的双翼。完整的教育必须既包括科学教育也包括人文教育。科学技术的迅速发展，带来了物质产品的丰富，但也带来了一系列的社会问题。联合国曾经将 2001 年作为世界文明对话年。我们认为，在科学教育与人文教育方面，或人类文明的主流方面，有着许多共同的语言，这种"文明对话"必将引起普遍的共鸣，也将促进不同文明之间的相互理解，推动全人类文明的共同进步。

人文与科学作为人类两种特有的文化，在长期的严谨过程中具有交互与发展态势。与此相应地，人文教育和科学教育在人类教育发展史上也有融合、分离和再融合的发展过程。而随着传统社会向现代社会转变，科学教育逐渐占据了教育的中心。从教育的实际效果来看，这种占据效果在产生积极、正向作用的同时也产生了负面影响。斯诺的所谓"两种文化"效应在学生中产生了非常明显的影响。在这种教育中，学生犹如走入一个迷宫，而走到这个迷宫中，必须要找到科学和人文的结合点，实现科学教育与人文教育的融合。

事实上，科学教育与人文教育也在发生着融合。人文主义和科学主义的内在关联推动人们把人作为终极关怀的对象，以追求真善美作为核心，使人类逐渐扬弃宗教、权力和金钱的异化，超越人世间低级趣味，走向人生的辉煌。

1. 自然科学与人文科学的汇流

近代历史上，思想家们强调自然科学与人文科学各自的独特价值，在两大知识体系之间划分了一条明确的界限。但从 19 世纪下半叶开始，出现了两大学科的汇流统一趋势。

首先是自然科学向社会人文科学渗透。自然科学的研究方法、研究手段被人文社会科学借用，其概念、范畴被人文社会科学所吸取，导致大量新学科产生。

其次是人文社会科学向自然科学渗透，影响和制约自然科学的发展。任何自然科学的研究及其成果的运用，都有一个经济效果和社会效果问题，不可避免地涉及道德评价。因此，有必要用人文学科所提供的方法和尺度来检验。

再次，出现了大量的边缘学科和综合性学科。边缘学科产生于自然科学与人文学科的边缘地带，如技术经济学、社会心理学、工程美学、数理语言学等等。

人类实践发展到今天，其规模和深度是以往任何时代不能比的，许多重大问题的解决必须涉及广阔的领域，单靠某一门或某几门学科的知识，单靠某一方面的专家根本不能解决。如解决环境污染就需要众多学科联合组成，包括生态学、地球化学、气象学、地质学、生物学、医学、工程学等自然科学，还涉及社会学、美学、法学、心理学、人类学等人文社会学科。

应该指出的是，学科发展本身既存在着综合化趋势也存在着继续分化的趋势，前者体现了人类认识与实践的广度，后者体现了人类认识与实践的深度。当前两大学科乃至整个人类知识体系出现的综合化趋势，正是近代以来各门学科分化发展的结果；而且我们可以预言，在这种综合化的基础上，还会产生新的分化。但是，学科的分化不应再以科学文化与人文文化的分裂为代价。

2. 科学方法与人文方法的互补

经过自然科学家和人文思想家们的努力，到 19 世纪末，科学方法与人文方法已形成界线分明的两大阵营。科学方法本质上是一种间接的技术性方法，它建立在实验、仪器和一套技术语言符号工具之上，它以自身与研究对象之间的间接关系的假定为前提，并认为自己把握的是一个在人之外、不以人的意志为转移的"客观存在"。人文学科研究对象的特殊性决定了人文方法本质上是一种直接的解释性方法，它建立在解释者、作品和作者相互沟通的基础上，这两大方法在各自的领域得心应手，游刃有余，但试图以一种方法取代或否定另一种方法是行不通的。

两种方法的各自独立性是否排斥互补性呢？在人文学科领域，除了人文方法之外，必须以科学方法作适当补充，这一点是没有异议的。

情感、想象、审美直观是理解和推进现代科学的因素。而灵感和想象等人文方法对科学发现的作用在科学史上已是司空见惯的事实。科学认识是高度抽象、高度概括的过程，在这个过程中，知、情、意达到高度的融合与统一。

第二节　国际科学教育课程改革的发展历程

一、古希腊时期的科学教育发展历程

古希腊时期正规的高等教育机构还未出现，只出现了具有高等教育性质的毕达哥拉斯学园。这个时期的科学教育只是关注宇宙万物的起源，不关注现实的生活世界，知识的传授通过师傅带徒弟的方式进行。这个时期的科学教育只是朴素的自然科学教育，教学科目以算术、几何、天文学为内容。苏格拉底之前的学者将主要精力花在依凭理性的思考去探索宇宙的奥秘，为科学教育的发生孕育了养料和作了铺垫。

（一）古希腊科学教育的起源阶段——爱苏格拉底修辞学校和柏拉图学园

爱苏格拉底学校在科学教育方面主要是采用开设基础知识科目的方法，训练学生的思维能力。而柏拉图在经过政治流浪以后在雅典开办了阿卡德米学园。他要求所有的学生在入学之前都接受过一定的教育，并且具备基本的数学基础。因为柏拉图受到毕达哥拉斯学派的影响，强调数学学习的重要性，并把天文学作为数学学习的分支学科。这个学科开设的目的并不是为了观察星象，而是要教授毕达哥拉斯的"四艺"，训练学生的思维，为之后的学习打下基础。

图 4-1 为世人传颂的阿卡德米学园

（二）古希腊教育的巅峰与没落——吕克昂学园的发展

亚里士多德在柏拉图的启发下，同样在雅典创办了自己的学园。他在学园中非常重视传播自己的教育思想，主张对学生进行多学科教育，进行全面的培养。因此，亚里士多德在他创办的吕克昂学园中发展了许多自然学科，并在多个领域奠定了重要的基础，例如天文学、物理、生物、解剖、植物学、气象等自然学科。这个学园受到亚历山大大帝的支持，雅典开设有西方世界当时最大的图书馆、博物馆以及实验室，供亚里士多德以及他的学生进行科学研究之用。亚里士多德主张的科学教育也因此奠定了西方科学教育发展的基础。图 4-2 是亚里士多德博物馆的想象图。

这个时代，是古希腊科学教育发展最为兴盛的一个时代。亚历山大大帝在征服各地的时候，总是能够为他的老师亚里士多德搜集足够的资料帮助他研究。亚里士多德

图 4-2　亚里士多德博物馆想象图

学园中有丰富的仓鼠，并建设有附属的植物园、动物园、解剖室、天文观测台以及其他设备，吸引了当时最为知名的几何学家、天文学家、物理学家等研究自然科学的专家和学者。亚里士多德之后的科学巨匠阿基米德也在这个地方受过教育。而随着亚历山大大帝以及亚里士多德的去世，托勒密王朝对自然科学的兴趣逐渐下降，这个学园中自然科学的研究也就逐渐没落了。

在接下来的罗马时代，教育又回归到了传统的人文教育之中，修辞学校和文法学校发挥了重要的职能，主要任务就是培养演说家，或者说是雄辩家。培养雄辩家主要是在政治上战胜对手，西塞罗主义在这个阶段占据了高峰。自然科学的教育也主要集中在算术、几何和天文上，起到心智训练的目的。罗马帝国的教育家昆体良认为雄辩家的培养要通晓文法、修辞、音乐、几何、天文和哲学。即便是雄辩家的培养在古罗马时代也没有继续下去，随着帝国的发展，社会逐渐稳定，统治者需要的不是政治上的挑战者，而是顺民。以基督教为核心的神学教育由此逐渐在罗马帝国展开。所幸的是，这个时期帝国则开始重视医学教育，逐步开设了医学的高等教育专门机构。

二、文艺复兴时期

文艺复兴复活了一些反对中世纪观点的古代倾向，重见天日的希腊和罗马古籍犹如清新的海风吹进这沉闷压抑的气氛之中。近代思想基本上是古代的复活。在早期阶段，大都是阿基米德的力学论著以及亚历山大里亚的希罗和维特鲁维乌斯的技术著作。自然科学在这个时期开始兴起。自然科学最终进入大学并在大学站稳脚跟。同一时期，在学校课程中，自然科学知识是没有地位的。最初，教育家对自然科学知识采取排斥和轻视的态度。造成这种状况的原因，大致有这几个方面：第一，当时的生产力水平只允许一部分人受教育；这部分人是占有奴隶劳动的奴隶主贵族，只有他们才有闲暇时间。当时的自由民是不包括奴隶在内的。第二，统治阶级所需要的只是统治之术，以及伦理道德，无须参加、从事生产，就无须掌握生产经验。第三，当时自然科学本身不发达，科学知识表现为生产经验、工艺技能。劳动者对于生产经验的掌握，主要是在劳动过程中，通过师传徒、父教子的形式进行，他们没有机会、没有权利进入学校接受教育。奴隶主贵族的发展是以牺牲广大奴隶为代价的。

在这一时期，科学教育与人文教育并未产生分野，至少是没有出现严重的冲突，二者以对理性的推崇为联结的纽带，携手反对宗教的神学和信仰。它们对人的一致理解是：人区别于动物在于人有理性；理性是人类的本质特征，是人的尊严价值的体现；要拨开神性的迷雾，重新发现人，关键是唤醒人的理性，使理性复苏。推崇人的理性，就是推崇人；对人的理性的肯定，就是肯定人的价值。因此，理性就成了人文学科和科学同宗教神学相对抗的共同的思想武器。

三、工业革命时期

文艺复兴为反对封建神学，除了广泛利用古希腊罗马的文化教育遗产，从而导致人文学科教育的复兴外，也表现出研究大自然的浓厚兴趣。

在贬低神性、弘扬人性的推动下，人们努力探索自然，征服自然，取得了许多科学大发现。这都为17世纪的科学革命准备了条件。

（一）科学教育水平的上升

"科学在17世纪收到了极其壮丽的成功。"哥白尼、开普勒、伽利略、牛顿等人的研究对人们的思想观念产生了巨大的冲击。17世纪唯实论教育的代表人物培根和夸美纽斯用科学方法重建了一个百科全书式的课程，强调学习对现实有益的自然科学知识。18世纪开始的工业革命，对人类社会产生了巨大影响。它催生了一种新型的学校——实科学校（实科中学）。实科学校排除了教学科目、课程内容的纯古典主义倾向，其课程接近现实生活，以满足实际需要。工业革命的发展证明了科学知识的巨大力量，一部分学校已经开始把科学知识纳入课程之中，传统的人文科学课程也就因此开始面临自然科学课程的冲击。

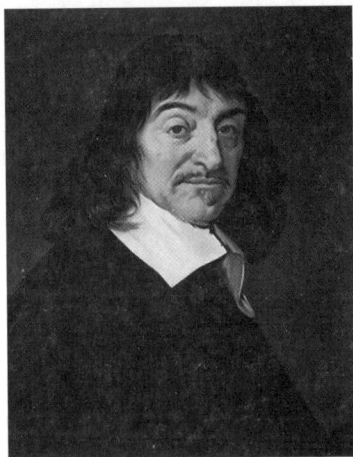

笛卡尔

牛　顿

开普勒

伽利略

莱布尼茨

帕斯卡尔

图 4-3　17 世纪的伟大科学家

在 19 世纪，17 世纪以及工业革命的力量彻底传输到了产业阶层，赫胥黎和斯宾塞两位教育家系统地阐发了科学教育的主张，坚信科学对社会进步以及民族成功的密切关系，强调科学教育对于国民和社会的价值。斯宾塞承认各门学科都有价值，但强调要弄清楚各门学科的相对价值。因为人生时间有限，应该把有限的时间用到学习最有价值的学科上去。

赫胥黎   斯宾塞

图 4-4

依据斯宾塞为完满生活做准备的教育目的，无疑是对古典人文学科教育的否定。这样，到了 19 世纪下半叶，从教育领域观察，人文学科的独尊地位已不复存在了。自然科学在逐步地缓慢地改变课程的面貌。1860 年，伦敦大学有了科学学科方面的教授，并开始颁授有关的学士、博士学位。从 1869 年开始，古典人文教育的堡垒——牛津大学、剑桥大学设置自然科学方面的课程。

（二）科学教育制度的形成

近代科学教育的发展，在制度上体现为完成以及正在完成工业革命国家的各种特色的自然科学教育体系。在这个体系之中，学生在小学教育阶段以及中学教育阶段都要接受专门的科学教育，之后又形成实科中学以及职业学校，并在高等教育阶段接受理工学院的教育。

在英国，受到工业革命的推动，18 世纪后期，初等教育开始发展。到 19 世纪上半叶，基本实现了初等教育的国家化。中等教育以工业革命为界出现了重大转折。之前，主要是文法学校和公立学校（Public School），强调拉丁语等古典语言和文法，满足上层社会需要。之后削减了古典科目，输入实科课程；入学对象也由贵族僧侣子弟扩大到大工业家、大商人子弟等。高等教育在工业革命前，以古典文科和神学为唯一内容；之后开始在大学开设自然科学知识讲座。19世纪后期，英国出现了"新大学运动"，重视科学、数学与商业科目。各个大学开始在19世纪后半叶正式接受科学教育。值得说明的是，英国在1861年和1867年先后两次成立了"学校调查委员会"、"科学教育和科技进步调查委员会"，经过四年的调查以后，确定了加强科技教育的建议，增加科学课程，并且增加科学教育的师资，资助私立学校开展科学教育，在内阁中设立科学教育部。科技教育在英国政府的干涉下持续得到发展。英国的科学教育主要采取了科学教育、技术教育与古典教育的协调，并且注重科学实验探究。

总之，在科学革命以及工业革命之后，自然科学大规模走进了传统学校，已经开始了不可阻挡的成长。这种转变极大地改变了人类教育的面貌，并且把教育和社会发展紧密联系起来。

自然科学在人类征服和改造自然的活动中获得了巨大的成功，人类的虚荣心开始膨胀，产生了与日俱增的"全能感"。人们似乎感觉到只要在科学和理性的作用下，人类社会几乎是无所不能。科学在社会的发展中开始成了一种信仰和崇拜力量。在机械唯物主义之后，实证主义哲学同样把自然科学奉为人类知识的典范，并且认为只有科学方法才能够帮助人类获得确定性的真理。实证主义认为人文教育探讨人生价值是没有根据的。受这个思想的影响，社会科学以及人文科学领域掀起了新的实证化的科学探究热潮。相当一部分人对人文学科的"科学性"持否定态度，并由此遭到很多人的否定。实证主义的发展把人文学科似乎逼到了"死角"。

实证主义科学的发展推动了人文主义学科的发展，同时也在推动科学教育的发展。近代人文教育在英国科学教育改革的推进下，和科学教育不断融合，个体的自由观念在科学和人文融合的基础上，得到了充分的发展。

由以上的论述可以看出，近代欧洲学校教育形成了科学教育和人文教育并存的局面。学校类型为预备学校、文科中学和大学，另一种是科学教育、实科中学和理工学院。

（三）科学教育与人文教育相互牵制

第二次工业革命的发展把社会生产力与科学技术进一步推动，同时提高了产业工人的素质要求。这种变化直接推动了各国的教育改革运动，科学教育在教育活动中又一次得到了重视。自20世纪以来，人类社会的发展越来越依赖于科学，科学技术似乎成了人类社会文明的基础。

但同时，片面发展科技的弊端也暴露出来，由此而引发人类对科学技术的控制等诸多问题。一言以蔽之，这是一个既依赖科技同时又对科技发展予以反思的时代。

在这样的时代背景下，两种教育沿着近代的轨迹继续运动。科学教育在教育内容、课程上继续着科学化历程，整个教育带上了浓厚的功利主义色彩；在教学手段上，现代科学技术变革而带来的教学手段、教学技术的现代化，几乎导致了一场危及学校生存的革命。无论是在观念上还是在实际活动中，科技教育都占据了主导地位。

人文教育在科技教育的迅速发展和扩张面前，由近代的衰微不振开始寻求生机与复兴。它一改过去"被动挨打"的局面，敢于指责和批评工业文明及科技教育的弊端和缺陷，提出了两条截然不同于科技教育的路线方向：一条是回到古代（永恒主义）；一条是退回"我"（存在主义）。它们对科技教育的尖锐批评，使得科技教育与人文教育的裂痕越来越大，分化在加深。不过，从这种分化之中也可以看到走向融合的希望。两种教育只有在发展到极端之后，其局限性才能暴露出来，造成的社会恶果才能被人们认识。

人文主义教育把研究的对象聚集在人的命运和价值上，否认人的理性作用，同时也否认科学教育的价值。这种教育观念比较重视人的非理性因素，例如人的情感、意志和欲望等。这种观念也倾向于将人的理性和科学称为工具，反对运用科学的方法研究人。他们认为这种观念会淹没人的情感，反对人的主体性和价值，科学主义会把人冷冻起来。现代人文主义的教育则把人从科学和理性的片面与压抑之中拯救出来，主张通过教育让人去追求自己的非理性，由此形成了对意志和人生苦难的揭示以及消解。20世纪的存在主义哲学对个体存在的自由境界以及人格状态进行描绘，希望人能够去追求自身的非理性，而现代科学教育则在稳健的发展中。20世纪发展的教育心理学理论推动科学教育朝向与人文教育融合的趋势发展。这种趋势的存在让人们越来越重视科学的人文价值以及伦理精神。这种观念要求人们能够从科学教育的角度去发展自由观念，实现理性和非理性主义的融合，从理性以及非理性的地方寻找人的本质。这对于科学教育以及人文主义教育来说都是一个重大的转折。可以看出，科学主义教育以及人文主义教育在当代科学和社会的发展进程中开始逐渐完善，教育变得越来越细化。人们对于教育的研究不是何种知识更有价值的初始阶段，而是学生能够接受何种知识，如何更有效率地接受。

科学教育和人文教育的紧张以及对立局面，在20世纪开始走向融合，并在实用主义思想的影响下，逐渐注重职业性和专业性的训练。然而，人文教育和科学教育的发展在一定程度上也出现了失衡。

（四）人文教育与科学教育的融合

在第二次世界大战以后，人类开始了第三次科学技术革命。这个时期，人类开发了原子能、电子计算机和航天技术，标志着现代社会的到来。从 20 世纪 50 年代起，各国相继开展了规模巨大的教育改革，其中科学技术革命使得人们清楚认识到科学教育的地位与作用。不同国家之间开始了围绕科学技术的竞争和人才竞争。由此，科学教育的发展成为各国教育改革的基础。

当然，在第一次和第二次世界大战过后，人们已经认识到科学技术是一把双刃剑，既能造福人类，也能够给人类带来灾难。因此，人文教育重新得到了重视，开始平衡文化以及社会，适应高科技带来的刺激以及挑战。

因此，在这个阶段，科学教育以及人文教育终于走向了相互融合的阶段，产生了科学人文主义，HPS 以及科学教育的人文主义取向调整了科学教育的方向，目的是推进科学以及人文主义的相互协调以及补充，促进人与社会在精神以及物质方面的均衡。

在 20 世纪八九十年代以后，各国已经认识到科学教育这一方向发展的重要性，重视学生的科学素养培养，不再是早期迎合社会经济发展而追求灌输式地传授科学知识，而是强调对学习者的科学理解以及探究，培养学习者的科学价值观与态度，从而促进人类社会向更加有序的方向发展。

科学教育发展的历史考察表明，在古代，虽然认识到了科学教育发展的不同阶段，但无论从学校教育的内容，还是从学校教育的目的来看，科学教育都属于人文主义范畴，人文教育一统天下，科学与人文无从争起。文艺复兴后期，对古代文化的崇拜，导致了模仿，教育内容、教育方法逐渐落后于时代，与人文主义的教育理想背道而驰。古典人文教育的形式化，引发了唯实论的教育改革：为自然科学进入学校准备了条件。近代以来的科学革命、政治革命和工业革命，高举科学和理性的大旗，既实证了科学知识的力量，也对科学寄予了愈来愈高的期望。唯科学主义者干脆把人类的一切问题都交给科学解决，包括人类的前途和命运。这样，自然科学就不满足于在学校课程表中增加一两个新学科，而是要从根本上取代人文教育，成为学校教育的主流。第二次工业革命以来，科学教育在总体上占据主导地位，然而人文教育的发展又牵制着科学教育的膨胀。第二次科学技术革命使人们逐渐意识到了科学的负面影响，人文教育又重新得到了重视，科学教育与人文教育逐步走向融合。

第三节 中国科学教育课程改革的发展历程

一、中国科学教育的起步

正如我们前文描述的那样。在我国，近代科学教育起步较晚。1879年，同文馆正式开讲格致（自然科学），这是中国近代科学教育的起点。1902年，清廷管学大臣张百熙主持制定《钦定学堂章程》，规定中学学制四年，教学计划设置12门课程，科学课程设置为博物、物理、化学三门，博物含动物、植物、生理、卫生、矿物。该章程虽然实际上未获实行，但它标志着我国近代教育制度的建立，推动了科学课程的发展。1904年1月，由张之洞主持制定《奏定学堂章程》并颁布实行。该章程规定普通中学学制五年，科学课程设置为博物，物理及化学两门。这两门课程都带有小综合的意味，强调课程内部学科之间的联系以及与实际生活的联系。从该章程中的"各学科分科教法"中可看出，"博物"内容包括植物、动物、人体生理卫生、矿物，要求"凡教博物者，在据实物标本得正确之知识，使适于日用生计及各项实业之用，尤当细审植物、动物相互关系，及植物、动物与人生之关系"；对"物理及化学"，则要求"讲理化之义，在使知物质自然之形象并其运用变化之法则，及与人生之关系，以备他日讲求农工商实业及理财之源"。

二、中国科学教育的初步发展

民国初年，蔡元培任教育总长，1912年颁布《普通教育暂行办法》，学堂改为学校，中学学制改为四年，科学课程设置为博物、物理化学两门。不过，随后颁布的《中学校令实施规则》对"博物"的说明是：第一学年每周3课时，内容为植物和动物；第二学年每周3课时，内容为动物、生理及卫生；第三学年每周2课时，内容为矿物。对于科学教育中的"物理、化学"的说明则是：在第三学年的每周4课时，内容是物理；第四学年每周4课时，内容是化学。由此可以看到，这个时间段的科学教育仍旧是分科制的。

1922年，民国颁布《壬戌学制》，对于各科教育都进行了充分的规范。对于科学教育来说，初中阶段采用了混合制，自然科学教育是一门课程。具体的教学采用两种形式，一种是三门理科教材——物理、化学、生物仍然分别编写，另一种则是三门科目混合成一门学科，成为博物，内容也主要是物理、化学和生物，各占三分之一，同时也包含一些矿物、气象和地质方面的内容。第二种教材和实际生活的联系还是比较密切的，通过各科知识的学习总结出最为接近自然科学的方法。这种教育有许多可取之处，但是比较分散，系统性不强。对于教师来说，由于涉及面非常宽，因此内容广泛，要求教师的能力以及知识范围也要适应。

针对上述的情况，1929年，国民政府又颁布了《中学暂行课程标准》，把自然科学课程的编制方法划分为两种类型，一种是分科制，一种是混合制。分科制中植物、动物、理化课程分别编制，生理卫生课分立。混合制编制中，将这些科目混合编排。1932年，国民政府再次修改课程，采用分科制教授方法，将植物、动物、化学、物理列为自然科学四项基础科目，但是给个别采用混合编制的学校仍然留有余地。1936年，这种情况转变为完全采用分科制，列生理卫生、植物、动物、物理、化学课程。1940年，新修正的科学课程编制中将植物和动物合并为博物。1948年修订的科学课程标准中把物理和化学合并成为理化。

从这些科学课程的演变可以看出，从20世纪近代教育制度建立以后，我国初中科学课程采用的编制方法以分科为主。1922年新学制规定的自然科学合科教学没有坚持下来。从国内来说，教材和师资的困难当然是重要原因，然而根本原因是当时的科学发展和社会。从世界范围来看，美国的进步主义课程思潮由于重视对儿童身心特点的研究，着眼于克服教学与生活脱节的弊病，比传统教育有所进步。但他们所提倡的儿童中心课程也存在许多难以克服的缺点，如：在儿童感兴趣的前提下，选择有效的教材材料存在困难；由于教材内容不按学科体系编排，难以将知识结构化、系统化；教学内容集中在现实问题上，难以同文化传统和未来发展联系；由于以儿童为重点，容易忽略教育的社会任务；等等。因此，进入20世纪30年代后，要素主义课程理论和改造主义课程理论逐步取代进步主义课程思潮。我国在20世纪30年代对合科科学课程的否定以及后来在合科制与分科制之间的摇摆，也反映了国际课程思潮的变化。

三、新中国成立以后的科学教育

（一）新中国成立至1976年之前的科学教育

新中国成立后，国家对科学教育是很重视的。当时，在教育上向苏联学习是中国教育事业的必然选择。在这一阶段，中国科学教育发展的主调基本上是全方位输入苏联的科学教育课程，包括教育理论和教育实践，教学大纲、教科书以及教学方法都是从苏联输入的。科学教育以苏联科学教育为蓝本，分科开设物理、化学、生物，注重学科知识的系统性与基础性，但是在问题情境以及学科联系之间欠缺，存在缺乏与实际联系的问题。到1953年，人民教育出版社在中央政府的要求下，仿照苏联课程教材编制了初中《物理》、《化学》、《自然地理》、《植物学》、《动物学》以及《人体解剖生理学》（高一用）等教材。吴履平对这套教材作出评价认为，这套教材奠定了中国中小学教材建设的基础，教材的系统性较强，重视基础知识的传授以及基本技能的训练。从体系上看，这套教材是分科制教材，具有学科中心特点。实施以后，这套教材的弊端也逐渐提现出来，主要问题是学生的课业负担过重，与实际生活脱节。教育界曾经多次指出要对这种现象进行改革。1958年和1964年两次课程改革都是在解决这个问题。但是由于教育界人士的批判本身缺乏现代教育理论的指导，加上当时的政治气候作用，这种批判也存在很严重的非理性色彩，导致改革彻底失败。

1957年，国内外政治形势发生巨变。新中国教育开始走向摆脱苏联影响，进入"独立自主、自力更生"的发展阶段。而在政治上，"大跃进"运动影响科学教育的发展，人们在极高政治热情的作用下，开始认为中学教材存在"少、慢、差、费"的现象，要在教材领域实现"多、快、好、省"，"赶超英美"，"高、精、尖"。教育界的改革给中学教育带来了巨大的压力，甚至是学制上都出现了压缩现象，而且要达到大学一、二年级的水平。在科学课程编制中，人们开始利用大量的生产实践知识替换原来理论知识，并且补充了许多现代物理知识，错误估计了我国的教育形势。在"大跃进"之后，中央提出要总结过去教材编写的经验，重新编写重视基础知识和基本技能的中小学教材。在这个基础上，教育部起草了中学科学教育教学大纲，于1963年印发，主张扩大科学教育的知识面，适当联系实际，强调联系实际的目的是帮助学生掌握基础知识和基本技能。

1966年5月，国内政治形势急剧变化，教育部的号召并没有在全国范围内得到落实。而这个时候在国际上正是科学课程改革的第一次浪潮开始，由于"文革"的影响，我国并没有参与抓住第一次课程改革浪潮的机遇，科学课程并没有得到发展。10年间，科学教育工作也和其他事业一样受到严重的摧残。

（二）新时期的科学教育

1976年，"文革"结束，我国进入新的历史发展时期，拨乱反正，使我国的科学教育文化工作进入正轨。自此之后，我国科学教育发生了翻天覆地的变化。

1978年3月，全国科学大会召开。这一次大会上，我国科学教育得到恢复和发展。此后，我国科学教育重新回归到强调基础知识和基本技能，适当联系实际的思路上。教材编写也在突出课程知识的基础上，更加重视严密性、系统性和完整性。在教学中，教师中心和教材中心的倾向有所体现。但是对于学生来说，这些课程出现了深、难、重的问题。整个科学教育与其他学科教育的特征一致，体现出了很强的为上一级学校准备的升学教育特征。

1978 年，中共十一届三中全会以后，我国实施改革开放政策。国际科学教育的成果被介绍进来，STS 和综合理科的理念在综合科学课程中得到贯彻和实施。加上 20 世纪 70 年代以后，学科中心课程在国际上受到抨击，习惯于学科制的科学教育界受到极大震撼。20 世纪 80 年代初，人们呼吁进行科学课程改革。之后，在当时的教育管理制度下，STS 课程得到发展。1985 年，中央教科学研究所受联合国教科文组织的委托，召开中国理科教师能力问题研讨会，正式提出 STS 教育的中国实施问题。此后一段时间，STS 课程在我国中学以"第二课堂"的形式展开。而我国的香港在这个时候则成功推行了初中的综合理科课程，STS 课程在这些因素的影响下一时间不能纳入到正式的教育课程体系之中。而且 STS 课程的编制也存在许多问题，所以 STS 课程的试验在我国一直不能取得突破。

1986 年，我国《义务教育法》确立。在这一法律的推动下，全国首先开展了义务教育阶段的课程改革。这次改革的针对性非常强，是要改变知识本位和应试教育的现状，提高公民的科学文化素质。具体到科学课程来说，这次改革主要集中在 STS 课程和综合科学课程的实践。

1987 年，东北师范大学附居中学率先组织专家编写了综合性的《自然科学基础》教材，覆盖了中小学科学教育，着手教学试验。上海市教育局也在 1986 年成立了综合理科研究小组，编写试验教材《理科》，拟定了义务教育初中教育阶段理科课程纲要。1988 年，原国家教委在浙江省和上海市进行义务教育课程教材改革。上海市义务教育教学计划分科制开设物理、化学和生物，合科制开设理科。上海市的理科课程从 1991 年秋季开始，在少数学校进行实验。浙江省则是在初中开设综合理科性质的课程，在 1991 年开始实验，并在 1993 年全省范围内推开。

进入 20 世纪 90 年代，世界各国各地区都推出了旨在适应新世纪发展需要的课程。面对 21 世纪的国际竞争，我国于 1999 年批转了教育部《面向 21 世纪教育振兴行动计划》，要求实施现代化基础教育课程框架改革，推行新的评价制度，开展教师培训。由于我国政府于 1995 年提出了"科教兴国"战略，科学课程改革也就成了关注的热点。

2000 年，教育部为贯彻落实"科教兴国"战略，全面推进素质教育，启动了新一轮的基础教育课程改革。2001 年，我国《国务院关于基础教育改革与发展的决定》，推进我国新一轮基础教育课程改革在全国铺开。其中科学课程是一重要组成部分。

《基础教育课程改革纲要（试行）》规定初中设置综合科学课程。科学课程体系则要跨越学科接线，对各学科领域的知识与技能，过程和方法，情感、态度与价值观和科学、技术与社会关系的理解，统筹设计，整体规划，强调各学科领域知识和技能的联系整合以及渗透，注意教学内容的前后整合，符合学生的认知规律。《科学（七至九年级）课程标准（实验稿）》则从以下这些方面体现了新的课程理念：

① 面向全体学生；

② 立足学生发展；

③ 体现科学本质；

④ 突出科学探究；

⑤ 反映当代科学成果。

我国台湾地区，综合课程发展较晚（1998 年），然而发展迅速，成为后起之秀。香港地区的实践起步最早（1971 年），但直至 1994 年才取得实质性成果。

总体上看，新中国成立以后，科学教育的不断发展推进我国公民的科学素质不断提升。我国科学教育的课程改革也在不断推进我国科学教育的效率提升，推进我国科学教育的发展。

第五章 我国科学课程标准的解读

第一节 国内科学课程标准简介

国家课程标准是整个基础教育课程改革系统工程中的一个重要枢纽。科学课程的实施应以科学课程标准为准则。作为一名专业的科学教师，必须熟悉科学课程标准，全面了解科学课程标准的构成及其内涵，通过课程标准认识科学教育的理念，理解科学教学的内容构成及其特征，掌握实施科学教育教学的各项基本要求，充分发挥和利用好课程标准。

国内科学课程标准分为两个不同的学段，分别是小学和初中，这里主要探讨初中阶段的科学课程标准。

一、《义务教育初中科学课程标准（2011年版）》的结构

前文提到的《义务教育初中科学课程标准（2011年版）》（下面简称《课程标准》）是我国科学教育发展主要课程依据。这份文件的内容包括前言、课程目标、内容标准、实施建议、附录等各部分。

《课程标准》的前言部分主要讨论科学课程在七至九年级开展的性质和价值，以及这门课程的基本理念和设计思路。依据《课程标准》的要求，科学课程的性质和价值主要包含以下几个方面：

① 科学课程的目标是培养学生科学素养，是一个科学入门课程；

② 科学课程的基础是对科学本质的认识，以引导学生组建认识科学的本质；

③ 科学课程构建的目标是超越学科界限，实现各个学科的相互渗透与融合。

《课程标准》主张的科学课程基本理念则有以下几个方面：

第一，面向所有适龄学生，促进其科学素养的全面发展；

第二，科学课程要体现科学的本质，突出学生的科学探究能力；

第三，反映当代科学发展的成果。

《课程标准》叙述了科学课程在七至九年级的总目标以及分目标。总目标是要提高学生的科学素养。这也是我们当前所强调和重视的。而分目标则是从科学探究，科学知识与技能，科学态度、情感与价值观等方面分别进行阐述。

《课程标准》明确了我国科学课程在七至九年级的主要范围，有科学探究（过程、方法与能力），生命科学，物质科学，地球与宇宙科学，STS这五个方面的内容。

《课程标准》在实施建议方面提出了四个构成部分，主要有教学建议，评价建议，课程资源的开发与利用，教材编写建议。教学建议主要有六个方面，分别是：第一，注重科学探究方法与过程的教学；第二，注重提升学生的动手与动脑能力；第三，鼓励每一名学生充分参与科学学习；第四，鼓励学生之间的交流与合作；第五，安排教学计划与教学时间应该有一定的灵活性；第六，注重课堂教学与课外活动的结合。在评价建议方面，《课程标准》主要从评价主体、评价内容和评价方法三方面给出。无论采用什么评价方法，如何进行评价，关键是要让学生在科学探究（过程、方法与能力），生命科学，物质科学，地球与宇宙科学，STS这些方面实现科学素养的全面发展，尽可能真实地反映学生素养的全貌。在具体评价中，应包括过程性评价和终结性评价两个方面。

《课程标准》在教材编写方面建议编写者应引导学生利用已有的知识与经验，经历知识的发生与发展过程，同时也有利于教师创造性地进行教学。因此，在具体编写的过程中，教材应能够反映社会的发展进程，依据学生的身心发展与知识接受特点，结合学科知识的形成规律，有利于教师进行教学。教材内容应该转变过去重理论、轻应用的状况，全面考虑基础性与时代性的关系，考虑初中学生的认知水平。在具体的呈现方式以及逻辑结构上，教材内容应当有利于学生知识的建构，注重结合学生的生活经验。

《课程标准》还非常重视课程资源的开发。在这一方面，《课程标准》指出科学课程的展开需要特定的课程资源。学校和教师都有责任努力进行建设：一是充分利用校内课程资源，筛选合格的教师，逐步建立和完善科学课程开展的场所；二是要积极发展校外课程资源，综合利用社会资源推进科学课程的发展。课程资源的开发要注意科学性、思想性和适宜性。

附录中包括15个案例，和有关知识技能的目标等同。

二、《义务教育初中科学课程标准（2011年版）》的课程目标简介

《课程标准》中关于目标的记述，第一句就开宗明义："科学课程以提高每个学生的科学素养为总目标。"提高科学素养也是世界各国科学教育的目标。

（一）科学素养的内涵与构成

由于表达了对科学教育目标的追求，"科学素养"的理念早已蕴涵于科学教育思想和实践中。但明确提出这一概念，则是20世纪50年代末第一次科学课程改革时期。1958年，赫德（P. D. Hurd）首次把"科学素养"这一概念当作科学教育的一个重要论题来对待并加以倡导。

当前，世界各国都把科学教育目标定位在提高学生的科学素养上，我国的科学课程标准也是如此。但对科学素养的理解，各国因文化背景的不同而有各有不同。对不同的科学素养定义的分析、比较，为我们更好地理解和把握这一重要理念是大有裨益的。

早在20世纪60年代，佩拉和他的同事仔细而且系统地挑选了与科学课程相关的100多种文章，检索文章中与科学素养相关的频率。这些科学素养主要包括：第一，科学和社会的相互关系；第二，科学家工作的伦理原则；第三，科学的本质；第四，科学和技术的差异；第五，基本的科学知识；第六，科学和人类的关系。

美国学者肖瓦尔特在总结20世纪50年代到70年代之间的相关文献之后，对科学素养下了一个描述性的定义，指出：具备科学素养的人，应该明白科学知识的本质，能够准确运用适当的科学概念、原理、定律和力量，面对问题时能够采用科学的方法解决问题，作出决策，增进对世界的了解，而认识世界的方式也是和科学原则一致的。他们能够快速运用科学与技术手段与解决社会问题，对科学、技术与社会之间的关系可以清楚地认识。

美国国籍科学素养促进中心主任米勒教师构建了一个科学素养概念的三维模型，主要包括科学原理与方法的认识（科学本质的理解），对科学术语和概念的理解（科学知识），科学与技术的社会影响（STS）。

美国学者克劳普福则在人们对科学技术的总体认识和理解的基础上归纳了科学素养所包含的五个方面：第一，对科学事实、概念、原则和理论的认识；第二，能够运用有关科学知识解决日常生活情境的问题；第三，掌握了进行科学探究的能力；第四，能够运用科学的一般原理去理解科学、技术与社会的相互作用；第五，具有明智的对

待科学的态度以及对与科学相关的事务感兴趣。

霍德森把科学素养划分为三个不同的维度:第一,学习科学知识,也就是科学概念和理论;第二,理解科学原理和方法,能够认识到科学和社会之间关系的复杂性;第三,能够运用科学探究方法解决相关问题。

美国官方对科学素养的定义是美国科学促进协会作出的:"熟悉自然界,尊重自然界的统一性;懂得科学、数学和技术是人类共同的事业,它们的长处和局限性。同时,还应该能够运用科学知识和思维方法处理个人和社会问题。"

美国颁布的《国家科学教育标准》中作出的关于科学素养描述性说明主要是:人们能够利用科学概念和科学方法去解决个人问题,参与社会事务,从事经济生产。因此,人们的科学素养包括以下几个方面:

第一,人们能够在日常生活中围绕接触的事务提出、发现、回答和解决科学问题;

第二,科学素养是一个人已有能力的描述,能够解释以及预言一些自然现象;

第三,科学素养意味着一个人能够阅读科学文章,参与科学问题的讨论;

第四,科学素养意味着一个人能够理解国家和地方有关的科学决策,或者提出不同的见解;

第五,科学素养意味着一个人能够准确判断信息来源的可靠程度,或者对信息进行评判修改;

第六,科学素养意味着有能力提出和评价有论据的论点,并且能够利用论点得出结论。

国际学生科学素养测试大纲则提出了一个由三个方面组成的科学素养测试模式:第一,科学基本观点——基于科学知识和原理对科学与技术问题有基本的认识;第二,科学实践的过程——能够利用科学探究的方法获取科学的相关证据,并在证据的基础上进行科学探究活动,如确认科学问题,作出结论,与他人交流沟通;第三,科学场景——选自人们日常生活的不同场景,与科学有关,而又非是学校的教室、实验室或者专业科学家的工作。

为了更好地推进新世纪青少年科学素养的提升,2006年3月20日,国务院颁发了《全民科学素质行动计划纲要(2006—2010—2020年)》,作出了科学素养的严格定义:"公民具备基本科学素质一般指了解必要的科学技术知识,掌握基本的科学方法,树立科学思想,崇尚科学精神,并具有一定的应用它们处理实际问题、参与公共事务的能力。"2011年颁布的《义务教育初中科学课程标准(2011年版)》对科学素养的相关认识是：①保持对自然现象的好奇心和求知欲，养成与自然界和谐相处的生活态度；②了解或理解基本的科学知识，学会或掌握一定的基本方法和技能，能够解释一些常见的自然现象，解决有关的实际问题；③经历科学探究过程，增进对科学探究的理解，发展科学探究能力，初步养成科学探究的习惯，增强创新意识和实践能力；④养成科学思维习惯，逐步形成用科学的知识、方法和态度去看待和解决个人与社会问题的意识；⑤了解科学、技术、社会、环境之间的关系，深化对科学的认识，关心科技进展，关注有关的社会热点问题，初步形成可持续发展的观念；⑥初步形成对自然界的整体认识和科学的世界观。

综合这些分析可以看到，在不同的时代，人们对于科学素养的理解是有明显不同的，正如我们在前文引用的斯宾塞的教育观点，一个时代人们考虑的是知识的相对价值，人们的素质也是一样。当前，国际科学教育界普遍认为科学素养应该被看作社会公民和消费者应具备的基本能力和认识。科学素养的概念并不是指对科学已经达到一种很好的理解，而是一种基本的程度。一般而言，公众同时达到对科学知识、科学过程和科学技术对社会影响的基本理解，就可以被认为具备了基本科学素养的水平。

因此，科学素养的核心问题在于怎么依据时代的发展确定当前社会发展需要的基本素质。从上述的认识可以看出任何一个时代都有的基本科学素养认识内容包括以下几个方面：

① 科学的本质。这方面的认识是指学生要认识到科学、技术与社会问题的本质是以人类生活为中心，是会随着人们对自然科学的认识而不断发展的。

② 科学知识获得的方法。这方面是指学生要掌握科学知识获得的基本方法，也就是掌握基本的科学实验或者其他科学探究的方法，能够识别科学证据，重视科学认识获得的严密性和谨慎性。

③ 基本的科学常识。这方面的认识是指学生能够理解一些科学知识获得的基本假定或者科学家已经探讨与确定的科学常识。

④ 科学知识在社会中的应用。在这一方面，学生应能够利用已经掌握的科学常识、模型、原理等解决社会问题。在思考社会问题的时候，能够运用对科学原理的认识去考虑各种问题，具备科学思维和科学精神。

⑤ 科学态度、情感与价值观。这一方面，学生应能够站在人类社会的角度以符合人类社会需要的价值观念去看待科学技术问题。

（二）科学课程的分目标

前文将《义务教育初中科学课程标准（2011年版）》总目标进一步分解为五个目标，也就是构成核心素养的五个方面：科学的本质，科学探究的方法，科学知识与技能，科学技术与社会，科学态度与价值观。科学课程标准将促进每个学生的发展和全面提高他们的科学素养作为核心，以培养科学精神和态度，形成他们独立思考与探究实践能力，培养适应社会发展需要的人才。

从在逻辑的角度看，科学课程的目标回答了科学素养是什么或怎样理解科学素养的问题，课程的分目标则是在每一个方面界定了义务教育阶段学生需要的或者科学课程能够给予的"科学素养"的组成部分。

1. 科学的本质

关于科学的本质，有几个方面值得探讨。从一些科学家的探讨之中可以看出，人们对于科学的认识首先源于经验的总结。在这些经验的总结基础上，科学家建立了一套假设，并通过逻辑的方法确立了一整套知识体系。也就是说，科学的本质是人类经验以及在经验的基础上推理而来的知识体系。因此，在科学的本质问题上，学生应有以下几个方面的理解：

① 具备实证意识；

② 具备科学认识形成的严谨性态度；

③ 认识科学知识形成的基础来自于经验的总结；

④ 了解科学知识形成的基本假设。

2. 科学的探究

科学的探究是基于学生对科学本质的认识，逐渐形成获得科学知识的方法：

① 发展观察自然现象，并能够依据自然现象提出问题，增进对提出问题意义的理解；

② 发展提出猜想或者假设的能力，同时能够了解假设对科学探究知识的作用；

③ 发展制定计划、进行简单实验设计或者手脑并用的实践能力，认识实验在科学探究的重要性；

④ 在观察能力的基础上，发展收集信息和处理信息的能力，理解收集与处理信息对科学探究的意义；

⑤ 发展科学解释以及评价的能力，了解科学探究需要运用科学原理、模型和理论；

⑥ 发展表达和交流的能力，认识表达与交流对科学发展的意义，认识探究的成果

对科学决策产生积极的影响。

3. 科学知识与技能

这一目标的构成及内涵主要包括以下几方面：

① 能够确定统一的科学概念和原理。通过科学课程的学习，学生能够逐步加深对下列基本概念和原理的理解：物质运动和相互作用，能量，信息，系统，结构与功能，演化，平衡，守恒。

② 生命科学领域。了解生命系统的构成层次，同时认识生物体的基本构造、生命活动的基本构成以及人、健康与环境间的相互关系。逐步领会生物体结构和功能的统一、生物体与环境的统一和计划的概念，同时也认识生命系统是一个复杂的开放的物质系统。

③ 物质科学领域。了解物质的基本性质，认识常见的物质运动形态以及物质相互作用的概念和原理。初步认识物质结构的观念，认识能力转化以及守恒的意义，运用简单的模型解释物质的状态和特性。

④ 地球、宇宙和空间科学领域。了解地球、太阳系和宇宙的基本情况以及运动变化的规律；了解人类在空间科学技术领域的成就以及重大意义；了解人类生存的地球环境中阳光、空气、水、地壳、生物和土壤的相互联系、相互影响、相互制约的整体，树立人与自然和谐相处的观念。

4. 科学、技术与社会的关系

这一目标的具体构成包括以下几方面：

① 初步认识科学推动技术进步，技术又促进科学发展的相互关系，初步认识社会需求是科学技术发展的强大动力。

② 了解科学技术在当代社会经济发展中已成为一种决定性因素，科学技术是第一生产力。

③ 了解技术会对自然、人类生活和社会产生负面影响，初步理解实施可持续发展战略的意义。

④ 了解科学技术不仅推动物质文明的进步，也促进精神文明的建设与发展，科学技术是一项重要的社会事业，每一个公民都应该关心并有权利参与这项事业。

5. 科学态度、情感与价值观

这一目标的具体构成和内涵主要包括以下几方面：

① 对自然现象保持好奇心和求知欲，养成与自然界和谐相处的生活态度。

② 尊重科学原理，不断提高对科学的兴趣，关心科学技术的发展，反对迷信。

③ 逐步培养创新意识，敢于依据客观事实提出自己的见解，能听取与分析不同的意见，并能够根据科学事实修正自己的观点，初步养成善于与人交流、分享与协作的习惯，形成尊重别人劳动成果的意识。

须要注意的是，课程分目标在涉及具体内容时是综合表现的，以上对目标的分列只是为了表述上的方便。

三、《义务教育初中科学课程标准（2011年版）》的内容标准简介

《义务教育初中科学课程标准（2011年版）》内容按科学的结构构建，基于统一科学的观念，把原来物理、化学、生物课程和地理课程中的自然地理内容组织成生命科学，物质科学，地球、宇宙和空间科学三大领域。这个体系着眼于让学生对认识自然、利用自然和保护自然建立整体观念，从基本科学观念上理解科学内容，即让学生从自然界各种事物之间、各种物质运动形式之间的相互作用以及它们的运动、变化和发展来了解自然界的总貌，进而逐步认识如何合理地开发与利用自然，并让学生从人与自然密不可分的认识出发，建立自觉保护自然，人与自然和谐发展的意识。

另一方面，为了培养学生的创新精神和实践能力，理解科学、技术与社会的关系，培养学生理论联系实际，形成参与社会决策的意识，《义务教育初中科学课程标准（2011年版）》还将"科学探究"和"科学、技术与社会的关系"分别设置成专门的学习领域。

由此，《义务教育初中科学课程标准（2011年版）》将科学课程的内容标准划分为三个层次：

第一个层次主要有五大领域，也就是前文中探讨的科学素养的分目标。这五个领域明显是以综合为特色的，其具体内容在教材编写的过程中会渗透到其他三个领域之中，这三个领域的具体内容也通过渗透而得到重新整合。这种划分并不代表教学内容的先后顺序和教材的组织结构。

第二个层次是主题。主题也就是在宏观科学素养之下的具体类型，例如在生命科学领域中则可以划分为五个主题：生物的新陈代谢，生命活动的调节，生命的延续与进化，人、健康与环境。

第三层次则是主题下的设计，也就是单元。在物质科学中中常见的物质则可以划分为物质的性质，水，空气，金属，常见的化合物与有机物。这种主题一般来说可以

划分为专题性和结构性两种类型。专题性的内容，从不同的学科领域去探讨同一个问题。例如水，有可能探讨浮力、压强、水的构成、水与生命等，体现综合特色。结构性专题则是把概念和原理整合在一起，例如生命科学中的"人体的新陈代谢"，它们主要是从科学常识、科学探究及科学技术与社会关系的角度进行整合。

四、《义务教育初中科学课程标准（2011年版）》的特点

从以上的内容来看，科学课程标准的特点是在总体设计上体现出来的，概括来看则有以下几个方面：

（一）全面提高每一个学生的科学素养

中学科学教育是纯粹地培养未来的科学家还是提高全体公民的科学素养，是为少数精英服务还是每一位公民应享有的权利，这是探讨课程改革之前必须了解的基础问题，而对这个问题的回答体现了一个课程人的责任与良知。

依据2006年国务院印发的《全民科学素质行动计划纲要（2006—2010—2020年）》可以见得，科学素质教育是针对全民的，提高公民的科学素质是增强公民运用科技知识的能力，对国家自主创新能力的提高，建设创新型国家来说具有重要的意义。目前的状况是，我国公民的科学素质与水平与当代社会的要求并不匹配，公民的科学素质水平过低，缺乏科学精神，在科学思想和科学方法方面都有欠缺，有些地区甚至迷信盛行。对于我国接下来的发展来说，公民科学素质水平已经成为一个重要的制约因素。

从教与学的发展来看，中小学阶段的科学教育对公民科学素质的培养起到了基础性以及奠基性的作用。因此，公民科学素质培养的主阵地是中小学课堂。诚如美国学者米勒指出的那样，中小学时期的科学教育和数学教育是决定学生科学素养的关键。因此，《义务教育初中科学课程标准（2011年版）》，开宗明义地指出，科学课程的核心理念是全面提高每一个学生的科学素养，而在当代则是全面提升学生的科学核心素养。而全面提高学生的科学素养就要尊重学生科学素养培养的客观规律，具有时代性与前瞻性，扭转我国长期以来科学教育目标的偏向。

（二）体现科学本质

科学课程标准明确指出，认识科学本质是科学课程的目标。我国长期以来科学教育注重双基教育，偏重于科学知识的理解和记忆，但是对科学知识的运用以及探究却

很少涉及。不懂得科学本质的科学教育，则会不自觉地把科学教育异化成为伪科学甚至是非科学的教育。

显然，对于科学教育来说，科学本质是科学教育的核心因素。在教材编写过程中，我们可以借鉴外国教科书，可以对它们的内容和呈现方式进行仿效，但是对其中蕴含的科学本质却不能简单模仿，必须看到中国学生认识科学的规律，从科学方法、科学知识、科学精神、科学价值观等多个角度去凝聚科学本质的教育。

（三）面向学生的全面发展

随着我国义务教育水平的提升，初中阶段的科学教育是面对这一阶段的全体儿童。而面向全体儿童的意义则是无论这些学生有什么样的差别，科学课程都应该照顾到这些学生公平获得科学教育的机会，并且注重他们在科学素养方面全面发展。也就是说，所有学生都应该在科学方法、科学知识、科学精神、科学价值观等方面得到提升。所以要重视学生科学素养的全面发展，本质上是因为要一劳永逸地培养一定规格的青年已经是不可能的，教育重视的是学生以及整个社会的长期发展。重视学生科学素养的全面发展是为学生提供长久学习的动力与能力，让他们在今后的发展中能够持续地学习科学知识，掌握必要的科学技能与方法。科学教育活动要全面提升学生的科学素养，为学生的终身发展奠定基础。

科学探究这种教育活动是促进学生科学素养提升的有效方式。因为在科学情景中，能够提供学生动手以及动脑的机会，让他们在特定的自然和社会条件下主动去探究，激发他们的好奇心以及求知欲，从而帮助他们在学习的过程中体验学习的乐趣。对于学生科学素养的提升来说，科学探究是一条行之有效的途径。科学探究从其完整的过程来说，能够帮助学生发现问题、提出问题、猜想假设、制定计划和设计实验，得到数据的支持，从而检验和评价结果。在创新性思维培养方面，科学探究也具有优势。因为在计划和设计实验的过程中，学生要解决问题，必须独立思考，创造性地解决问题。因此，科学探究是科学本质和教育本质有机结合的体现。科学课程标准把科学探究作为一个重要的教育方式，是不无道理的。对于学生的终身发展来说，科学探究具有十分突出的作用。

（四）整体上认识自然与科学

认识自然与科学是义务教育科学课程发展的根本要求。而综合的科学课程也有利于这一目标的实现。科学课程能够跨越学科的界限，统筹进行知识学习的设计，帮助学生整体进行规划，实现学生不同学科知识领域的相互渗透。

《课程标准》指出，科学课程力图超越学科的界限，统筹设计与规划，注重不同学科的相互渗透与整合。而按照科学课程的要求，学生能够按照整体的、有机联系的方式看待自然界和自然科学。因此，按照这些要求，科学课程标准主要从三条途径设计科学课程，通过反映自然界的统一性科学概念和原理，通过科学探究的方式，实现课程的整合。显然，从国际科学课程的发展来看，科学课程的发展是顺应历史潮流的，符合综合科学课程的内涵特征。

科学课程标准将科学课程从两个方面进行整合，不同学科领域知识、技能之间的融通与连接，将科学知识和技能、科学价值观、科学方法记性渗透与融合，反映科学技术与社会之间的相互关联。这种设计从根本上扭转了分科知识和技能培养目标的传统模式。分科课程首先关注的是学科的知识体系，注重学科内容的选择与深度的把握，对某一个领域的专家培养具有重要作用。而从发挥科学教育普及科学知识、提升公民科学素养的目的来看，这种模式不能在大多数人中间产生效用。而且从未来科学融合的角度来看，过早的分科教育也会使学生难以形成对科学的整体认识，更难以全面认识分科学科知识，对于学生科学素养的提升显然也会造成阻碍。而且由于传统学科教育关注的是基础知识和基本技能，这些科学知识又是建立在共同的假设前提上，一旦科学的发展威胁到这些假设，使得它们不能成立，那么学生在这个基础上获得的知识就会产生危险。而从面向未来的科学教育角度看，科学教育并不是为了让学生多么深刻地理解已有的科学知识，而是培养他们如何正确看待自然界，认识自然界，掌握科学探究的方法，学会如何思考问题。这对于不断变化的未来世界来说，这些是终生有用的，而且一旦形成以后不会轻易改变。因此，在当前科学教育之中，利用科学探究的方法，重视 STS 教育，推动学生展开对自然界和社会的充分认识，被认为是当前科学教育改革的重要发展方向。在 STS 教育中，学生获得了科学技术史、技术设计、当代社会重大课题等方面的知识，在这个基础上应用到自身，利用科学探究的方法持续地保持与社会的稳定接触。在这一过程中，学生的技术素养也逐渐得到了提升。

（五）重视基础知识和技能

我们一直提倡 STS 教育，提倡科学探究，并不是不需要科学知识和科学技能，而是仍旧要重视基础知识和技能，更加重视在这个过程中学生能力的普遍提升。我们希望的是学生能够在科学知识和能力探讨的过程中掌握知识，不断提高学生的发展性学历和创造性学历，强调课程基于学生思考和学习，最终达到学生对科学本质的理解。

课程标准重视的是对学生今后发展有重要作用的基础知识和概念，重视科学当代最新发展前沿知识，体现了知识获得的现代性、前沿性、基础性和教育性。

从以上的论述中可以看到，新时代科学教育的重点是面向未来的，面向学生终身学习需要的。未来社会科学不断发展，人们对于科学的理解完全有可能打破当代科学知识体系。我们需要的是学生能够自主构建一个完整的科学探究方法，主动获得未来能够适应自己需要的科学知识体系，解决其面临的科学知识与社会问题。19世纪斯宾塞提出的功利主义知识标准，说明人类不是只要掌握知识，而是要通过对知识的占有，实现自己的意识上的提升，能够让自己在面对这些问题的时候，快速进入一条思维通道之中。然而，在这一进程也要防止学生在思维习惯的基础上进入一个思维误区。这也就要求我们能够重视学生科学精神的培养，重视他们形成一个多元化的思维体系。如果说未来人工智能的发展是帮助人们解放自己在已知复杂问题上的双手，那么当代综合科学素质课程的发展则是要帮助学生形成针对未来多元变化发展环境下的思维方式开发，能够在未来更好适应与人工智能共存的一个社会。

这里我们虽然打破了永恒主义对于知识的认识，将知识看作应对未来社会发展的工具，但是这种方式对于学生的发展来说更有效，对于推进未来社会的发展来说，必然也会是更加有利的。知易行难，未来这些目标的实现，还需要万千教师的共同努力，真正把这些目标在学生的大脑中落实下去。

第二节　国外科学课程标准介绍

在当前世界性的科学教育改革中，各国都颁布了不同的科学课程标准。下面通过对国外科学课程的标准介绍，为更加全面理解我国科学课程标准提供借鉴。

一、美国《国家科学教育标准》简介

1991年，在提高各年级学生的科学素养的背景下，美国全国科学教师协会（NSTA）请求国家研究理事会（NRC）协同努力为美国科学教育设计一个"国家标准"。国家研究理事会在1991—1995年间数易其稿，终于在1996年正式出版《国家科学教育标准》（National Science Education Standards，NSES）。这个文件与美国科学促进会（AAAS）的"2061计划"（1990）、全国科学教师协会的"中学科学的范围、程序和协调方案"（1992）并称为美国20世纪90年代三个国家级科学教育改革方案。

美国科学课程标准总共可以划分为六个组成部分，分别是科学教学标准、科学教师专业进修标准、科学教育评价标准、科学内容标准、科学教育大纲制定标准、科学教育系统标准。

（一）科学教学标准

科学教学是一种复杂的活动，科学教学活动是《国家科学教育标准》对科学教育作出构想的核心。科学教学标准提供给人们一把量尺，用以度量科学教育前进的距离，同时也度量科学教师的水平。因此，科学教学标准指导了科学教师在接下来的工作中应该知道什么，应该做些什么。

科学教学标准是从以下五个方面进行判断，主要有：

第一，科学教育标准对整个系统的全面要求，也就是科学教育需要达到的具体成果；

第二，教师的教学方法对学生产生的影响；

第三，教师对科学的认识会深深影响教师的行为；

第四，学生们的领悟能力以及具体的需求；

第五，教师对学生的了解以及学生对教师产生的影响。

由此可以看出，科学教育教学标准规定了科学教师的职责。教师应该按照教学标准的要求组织课堂。例如在教学目标的要求下，教师应该结合学生的实际情况制定年度目标和短期目标。在年度目标和短期目标的要求下，教师应该结合课程的要求引导学生学习科学知识，展开科学探究，掌握科学能力，具备科学价值观，同时教师还应该和学生积极交流共同进步，把教学的注意力集中在探究上。在前述的具体教学活动中，教师应该对学生的学习不断进行评价，同时接受其他教师和学生的建议，优化教学活动，使得学生的评价结果朝向教学目标不断前进。教师应该有必要对教学环境进行优化，为学生们提供必要的实践机会，安排学生利用业余时间进行科学扩展性探究。总体上，教师应该把全体学生培养成具备严密科学态度、探索科学精神的合格公民，学生们在出现问题的时候能够运用科学探究方法去解决问题，在科学问题威胁到人类社会安全的时候能够依据科学价值观作出正确的选择。因此，教师在教学过程中应该对学生的不同见解和技能应该表现出尊重。而回顾整个科学教育，教师应该基于自己的教学经验参与到全校甚至全社会的科学教学之中，不断优化整个社会的科学教学模式，同时也提升整个社会公民的科学素质。

（二）科学教师专业进修标准

在美国科学教育标准中，科学学习和科学教学的目的是要把所有的学生都培养成具有科学素养的人。而教师为了适应这一要求以及不断发展变化的社会环境，必须进行专业进修，把教学工作很好地进行下去。

教师专业进修标准也是基于以上探讨提出来的。在以上探讨中，学生的不断发展和社会的不断变化是教师进行专业进修的前提。在美国科学课程标准中，教师不断进修的假设来自于四个方面：

第一，科学教师的进修是一个连续不断，终生持续的过程。教师为了保持自身的专业能力，应该持续进修，适应社会的发展变化。

第二，教师专业进修活动中的不同角色划分是人为的，是依据不同教师的知识和能力进行的。

第三，应该抛弃传统专业进修就是提升教师专业能力的观点，而应该把教师的专业进修看作教师科学素养以及与人的才智有关的专业水准的机会。

第四，教师的进修显然是要符合学校关于科学教育的战略规划，协同整个教研小组共同促进学校的科学教育发展。

教师的专业进修包括四个方面的内容：

第一，教师要能够通过探究的角度以及方法学习基本的科学内容，适应当前教学活动的开展。

第二，教师要依据具体的教学内容展开教学方法和学习方法的进修，对学生情况的各个方面都有所了解，并且要把这些知识适用在科学教学之中。

第三，教师的专业进修应该围绕教师的认识能力和终身学习能力，提升教师的科学认识。

第四，教师的专业进修计划是前后衔接而且首尾相顾的，教师应该实时检视自身的修养是否符合当前社会的要求。

（三）科学教育的评价标准

美国科学教育课程标准描述教师，州和联邦机构用于衡量学生学习成绩和机会的计划。因此，科学教育中的教育标准并不只是用来评价学生，也包括评价教师和机构。

在具体的评价标准中，科学教育的评价划分为四个不同的方面：

第一，评价工作整体上应和它支持的决策一致，评价的设计要谨慎，评价的目标要明确，评价的决策和数据之间的关系应清楚，评价过程必须是内在一致的。

第二，对学生学习的成绩进行评价，要反映学生学习的主要内容，应集中在最有说服力的指标上。

第三，所收集的技术质量相关数据必须符合决策以及所采取行动的要求，切实能够考核需要考核的内容，而且真实可信，具有可重复性。在评价中，学生有足够的机会展示他们的科学素养，评价的任务和方法应该是有稳定性的。

第四，评价活动应该是公正的，能够站在多个角度对评价工作进行评估，包括是否受他人影响，是否采用了反映学生群体的视点与经验假设。大型评价活动应该采用统计学的方法反映群体之间的潜在偏见，但是不可以采用歧视。

（四）科学内容标准

科学内容的标准划分为八类，分别是科学的统一概念和过程，作为探究过程的科学，物质科学，生命科学，地球与空间科学，科学与技术，个人视角所见的科学，科学的历史与本质。

科学概念与过程是整个科学教育的基础，要求不同年龄段的学生理解大自然。所以这个标准对所有接受科学教育的学生都是适用的。而其他方面的内容则适用于不同的学科和知识。科学教育的内容标准不仅反映传统科学教育的全部内容，而且反映美国科学教育的未来发展趋向。下面对这八个方面的内容分别进行论述。

科学的概念和过程：把多个科学分支统一起来，帮助学生充分理解自然界，为学生的科学素养发展提供强有力的思想武器。由于一系列基本的原理均体现在科学的概念和过程中，所以在其他标准中还要不断重复这里介绍的理解力和能力。

科学探究的标准：在美国的科学教育标准中，科学探究被视作"过程的科学"，是对学生在探究过程中学到的知识和技能的更为细微的认识，如观察、推论和实验。因此，科学的探究过程要求学生在探究中进行科学推理和批判性思维，并且利用学习到的科学知识加深对科学的理解。因此，学生参与探究可以帮助学生充分理解科学知识，掌握独立探索自然界的必要技能，形成运用科学技能、秉持科学态度的习惯。

物质科学、生命科学、地理科学、科学与技术等方面的内容与标准则采用了广为接受的方法进行了介绍。其重点是所有学生都需要了解和运用的科学事实、概念以及原理等。

（五）科学教育大纲标准

科学教育的大纲标准是制定学校科学教育课程的准则与前提条件，重点是解决学校或者学区层次上学生学习和教师教学方面的相关问题，指导他们持续开展工作。美国科学教育大纲标准非常重视面向全体学生的全面发展，具体来说有以下几个方面的内容：

第一，基础教育阶段的科学教育必须和国家科学教育的标准相一致，内容上不得有矛盾，满足国家科学教育标准的明确目标。对于一个有效的大纲来说，必须用对一组对学生的明确目标来知道科学大纲的内容涉及、实施和评价。大纲的制定者要利用国家科学教育标准的框架指导作用选择和制定学习单元与过程，实践的目标要和课程的整个框架保持一致，评价的政策应该符合课程目标的期望，支持系统以及对教师的期望应该符合课程目标以及对学生的要求。课程大纲的全部内容更新应该明确职责，保持大纲的全部内容符合社会的发展需要。

第二，面向全体学生的科学大纲应该适合学生的身心成长规律，而且要和学生的日常生活相关，强调学生通过科学调研达到对科学教育的内容的理解，并强调和其他教学科目之间的联系。

第三，科学的教学大纲应该和输血的教学大纲相互协调，加强学生在科学探究过程中对数学知识的应用与理解，并且改善学生对逻辑的认识。

第四，基础教育阶段的科学教育大纲应该为学生理解科学知识提供足够的教学资源，包括优秀的教师、时间、材料与设备，适当而且安全的学习场所和社区。

第五，在教师实施有效的科学大纲时，学校要鼓励和支持教师构建教学共同体，共同组织教学科研工作。

（六）科学教育系统标准

科学教育系统标准主要是针对学校与其他管理机构提供必要的财政和物资支持，给科学教育的各个部门提供必要的评价准则。

第一，教育系统要为科学教育的实际工作提供有影响的政策，而且要和教育大纲的内容保持一致，适合地方科学教育的发展需要。

第二，科学教育的管理机构应该在相应的政策制度基础上相互协调起来，发挥协同作用。

第三，教育管理机构应该长时间保持一致。

第四，教育管理机构要为政策的执行提供财政和物质上的支持。

第五，教育管理机构指定的政策必须是公正的，能够支持所有学生的公平发展。

第六，科学教育机构必须考察所有的政策可能影响。

第七，教育管理机构应该作出有利于《标准》实现的其他努力，包括采取教育改革措施。

二、英国国家科学教育课程标准

英国教育和科学部颁布的《国家科学教育课程标准》是英国中小学科学教育的纲领性文件，对科学教育的任务布置主要包括六个方面：

第一，使学生了解科学概念；

第二，训练学生掌握科学研究的方法；

第三，帮助学生建立科学知识和其他知识的联系；

第四，学生要理解科学对社会的影响，认识科学教育对于个人发展的作用；

第五，学生要能够认识科学的本质。

在《国家科学教育课程标准》的基础上，英国在之后的几年对科学教育的课程进行了改革，主要是针对科学课程的目标以及科学课程内容的简化与成绩的评估。在不断的完善以后，英国的教育与就业部于 2000 年颁布了面向 21 世纪的新科学《课程标准》。

（一）《课程标准》的结构

英国《课程标准》的结构包括四个组成部分：科学课程概述、学习计划、教学要求和达成目标。

科学课程概述是关于科学课程学习对于学生发展的重要意义以及实现途径的。这些意义主要表现在科学课程促进学生精神、道德、社会和文化方面的发展，学生的沟通和交流技能得到发展，学生的科学思维技能、实验专门技能和学习能力得到发展。

学习计划方面是指要求学生必须学的科学内容，主要是指科学探究、生命科学、物质科学以及物理过程。学习计划由四个关键阶段组成，前一个阶段是对所有学生的共同要求，最后一个关键阶段则包括两种学习计划——单一科学课程和双重的科学课程。前者是针对大部分普通学生，后者则是适用于少数学生。而颁布这个标准的政府则认为绝大多数学生都应当学习双重的科学课程。

教学要求则是指教师教学的时候必须要遵循的基本准则。核心思想是要使所有学生通过有效的学习机会。《课程标准》的这种表述方式实际上说明教师在必要的时候可以修改国家课程的学习计划，为每一个阶段的学生提供相当而且富有挑战性的课程。但是，对于教师来说，则是不仅在能力上有挑战，而且在综合协调方面也提出了挑战。教师要协调给学生学习的资源、合作的机会以及其他有利于学生发展的相关条件。同时，《课程标准》对于教学明确提出了三个基本的教学原则：①向学生通过适当的学习挑战；②满足学生多样化的学习需求；③克服学生在单独学习以及集体学习的过程中存在的各类障碍。这些原则对学生的不同方面都有要求，而且有较强的实施途径。此外，《课程标准》还规定了科学课程的实施过程，对语言、信息交流技术以及健康与安全等方面的教学要求。

达成目标则是在不同能力和水平的学生在每一个阶段学习结束以后拥有的知识、技能和理解能力的标准。达成目标由八个水平和一个突出成就组成，每一个水平都有相应的水平描述，并且指明了学生在这个水平上应该有的成绩类型和范围。达成目标是对学生成绩评定的基本依据，但是，评定要灵活把握，可以适当降低标准。

（二）《课程标准》学习计划的内容

从以上的论述可以看出学习计划部分是《课程标准》的核心内容。在学习计划的四个方面中都有科学探究的部分，主要是科学思想、科学证据的本质以及调查研究等主要技能。依据规定，科学教学应当通过对生命科学、物质科学以及物理过程的学习，培养学生对科学探究的知识以及理解力。因此，"科学探究"是学习计划的核心内容，也是英国《课程标准》中极富特色的一个部分。

从以上的论述可以看到，英国国家科学课程的标准囊括了全部与中小学密切相关的基础科学知识与基本技能，对中小学生进一步从事科学学习或者研究非常有价值的科学方法，为科学教育的任务完成提供了保障。

第三节　国内外科学课程标准比较

西方国家的科学课程标准差异较大，我们这里选取前文论述较多的美国作为比较对象。通过以上两节的论述可以看到，中美两国的科学课程标准有一定的关联性，也有差别。我国采用的是"课程标准"，而美国采用的是"教育标准"，两者存在交叉部分，但是在内涵和外延上有区别。本节选取了我国科学课程标准和美国科学教育在体系结构、基本思想、课程目标、内容标准、教学标准和评价标准进行比较。

一、两者的体系结构比较

两个标准的体系结构明显不同，主要表现在两个方面：

第一，两者的编排方式明显不同。我国科学课程标准划分为两个学段，每一个学段的结构相互独立，而美国科学教育标准则是在 K12 教育阶段上划分为幼儿园到四年级、五至八年级和九至十二年级三个章节进行编排。可以见得，我国科学课程标准的编排更加独立，而美国科学课程标准则是连续的，两者各有千秋。

第二，我国科学课程标准只有小学的中高年级和初中学段，美国科学教育标准则涵盖了从幼儿园到高中所有阶段的科学教育标准。这说明两者对于科学教育的综合认识是不同的，宏观结构上会存在明显的不同。

二、两者的基本思想比较

两国科学教育标准表现的思想是一致的，都体现在科学课程的性质、科学的本质、科学教育的基本理念基本一致，具体如表 5-1 所示。

表 5-1　两者课程标准中"基本思想"比较

序号	主　体	中国初中课程标准	美国科学教育标准
1	科学课程性质	培养公民科学素养的入门课程	引导国民步入具备科学素养的社会
2	科学的本质	引导学生逐步认识科学的本质	作为人类奋斗工具的科学、科学的本质、科学知识的本质
3	课程理念	面向全体学生，实现学生的全面发展，体现科学本质的科学探究，反映当代科学成果	科学是面向所有学生的，学生学习科学是一个能动的过程，要集中进行探究，反映当代科学的特性以及科学的理性与文化传统

从上述表格的论述可以看出，两国标准的基本思想包括以下几个方面的共同点：

第一，课程性质把培养学生的科学素养作为课程宗旨，目的是构建一个具备科学素养的社会。

第二，科学课程是面向全体学生的，为学生提供平等的学习机会，在注重学生全面发展的基础上推动学生的个性发展。

第三，两者都注重学生科学素养的发展，注重学生能够面向未来不确定的时代发展需要能力。

第四，两者都注重学生终身学习以及教育和当代社会的结合，突出 STS 的教育内容。

当然，两国课程标准的科学思想也存在一定的差异，主要表现在以下方面：

第一，美国更加注重学生的个性发展与个人能力发展，培养学生理解科学的能力，也是为了他们日后工作与生活的需要。

第二，美国科学教育同经济发展有密切的关系，标准是通过科学与数学教育帮助提升国家与公民的生产能力，而我国更加关注的是提升学生的科学意识和科学精神。

第三，两者最为重要的不同是美国科学教育课程更加注重学生的个人能力发展。

三、两者的课程目标比较

在课程目标方面，两者的共同点也是多于不同之处，总体上都将课程的目标划分为科学知识，科学探究，科学价值观，科学技术与社会的关系四个层面。

第一，两国都非常重视科学知识，注重运用科学知识去解释自然现象，解决实际问题。只不过我国在科学知识之处是以养成科学探究的表述去认识探究的重要性。而美国方面的表述是参加以探究为目的的活动。

第二，在科学价值观方面，两国都非常重视科学培养的好奇心，主张学生提出和发现问题。在具体表述方面，中国更加重视对于科学的信仰，十分重视科学伦理精神，而美国则更加重视学生科学和迷信之间的判断能力。

第三，在科学技术与社会之间的关系方面，两者并无太大的差别。

四、内容标准的比较

在内容标准方面，美国把内容标准划分为八个类别：①统一概念和过程，②探究的过程科学，③物质的属性与过程，④生命科学，⑤地球和空间的科学，⑥科学与技术，⑦个人视角中的科学，⑧科学的历史与本质。显然，这八个方面的科学内容各有分工，①确立了学生对科学概念的统一认识，②确立了学生对科学探究的了解，③④⑤则是具体的科学门类，⑥则是在探讨 STS 问题，联系科学与社会，⑦则主张科学知识的个人主义，⑧则是科学问题探讨的 HPS 取向。

我国的内容标准则主要包括五个方面：科学探究，生命科学，物质科学，地球宇宙和空间科学，科学技术与社会。

对比两国的具体分类可以见得，虽然两国的具体划分有所不同，但是在大体上两国的划分是相似的，都涵盖了课程目标所需要的具体内容。只是在细节上，美国的课程内容标准与课程目标更加贴近，而我国课程目标的要求则隐含在课程内容的细节之中，虽然没有直接体现，但是在详细的论述之中却有体现。

再来看具体的内容，两国都非常重视科学探究，把科学探究作为学生学习科学的一个重要内容看待。虽然科学探究是一种学习方法，但是将其列入内容标准中正是在坚定学生对科学探究的学习信念，在学习科学知识的过程中处处考虑到科学学习的核心。

两国都非常重视学生科学知识的学习，对已有科学知识的掌握和认识非常重视。现存已有的科学学科门类都已经纳入到学生学习的内容之中。通过这些方面的学习，学生能够了解当前社会已经存在的科学知识，构建起一个科学知识学习的框架，同时也为他们在科学探究的过程中奠定基础。

两国都非常重视科学史的学习，希望通过科学史让学生感受到科学的不断发展过程，让学生感受到科学是一个不断发展与开放的过程。另外通过举例，让学生感受到科学发展的艰难，同时也坚定对科学不断发展的信心。

两国都非常重视科学技术与社会的联系，把一些重大的环境和资源问题列入学生学习内容中。

在不同点方面，美国人重视个人和社会视角的科学知识。注重科学知识对于个人的巨大帮助作用，而中国则忽略了这一方面。实际上在教学实践中，个人会自主地发展这方面的知识，而不强调这一点也是为了让学生建立科学技术为社会服务的基本观念。

五、教学标准的比较

美国科学教育标准提出"科学教学标准"，我国科学课程标准中则将之称为"教学建议"。

在共同点方面，两国的标准以科学探究作为主要的教学方法，教师制定的探究活动要适合学生的兴趣以及知识水平，重视学生的个人理解力提升。

两国都非常重视教师和学生的互动，重视学生之间的合作与讨论，重视培养学生的质疑精神。

两国都希望教师能够营造与管理好的科学学习环境，善于利用各种科学资源，安排可以利用的实践，并且调动科学教育的资源有利于学生进行科学探究活动。

在不同点方面，美国的科学教育标准要求教师为学生制定以探究为基础的大纲，并且制定不同水平的目标，对于教师的计划能力要求较高。美国的教学标准中强调教师对学生的不同方式评价，要用多种方式评价，收集全面的数据，向学生、家长和决策人报告学生的成绩以及学习的机会。

六、科学教育评价标准的比较

美国科学教育提出的是"科学教育评价标准"，我国科学课程标准中成为"评价建议"。

在共同点方面，两国的评价标准都强调系统性和连贯性，在评价内容上都重视对科学探究能力以及科学知识与技能进行评价。

在评价主体方面，两国都重视评价主体的多元化，教师、学生、家长、管理机构以及其他校外团体都可以参与到评价中，并且重视学生的自我评价。

在评价方法方面，两国都非常重视学生评价的及时更新，适于学生的长期发展。

在不同点方面，美国评价标准强调对学生学习机会的评价，重视学生接受教育的公平性，而我国在这方面则有所欠缺。

我国的教学评价中非常重视对科学态度、科学价值观以及科学技术与社会之间的认识评价，美国对学习成绩和学习机会同等重视。

美国对于评价标准本身也有要求，制定的评价政策应该是权威公允的，同时在评价结论方面应该得到广泛的认同，避免造成评价结果对学生的负面影响。

第六章 核心素养与科学课程变革

课程是科学核心素养发展的重要载体。在核心素养和科学课程相互结合的国际趋势下，如何提升学生的核心素养体系，实现校园教学的有机结合，是当前中国基础教育亟待探索的重要问题。为了践行全国教育大会提出的推动全体学生的全面发展办学理念，必须把学生核心素养作为学校课程改革的目的。而站在科学素养的需求下，课程教学要逐渐转向一个多维度与综合化的课程体系，挖掘课程的核心素养，同时也激发教师发展核心课程的能力。

第一节 核心素养培养的三类课程

核心素养的培养目前尚且没有一个固定的模式，更不用说科学核心素养的培育。依照过去的经验以及国内外科学教育课程标准的要求，可以感受到，科学课程核心素养培养大致可以在三类不同类型课程中体现出来，它们是基础型课程、拓展型课程和探究型课程。

一、核心素养与基础型课程

从核心素养的发展来看，核心素养在每一种课程中的体现需要结合国家、地区以及学校的教学实践特点展开。世界各国与地区的核心素养体系在教育教学实践中的模式大致可以划分为三类：一类是核心素养在课程实践模式之外，专门的机构研发，之后和课程教学实践融合；二类是在国家的课程体系规定了学生的核心能力与素养，用来指导课程的内容与设置；三类是没有作出学生核心能力与素养的规定，但是国家的课程标准中都体现了学生核心能力与素养的培养宗旨。

在我国，一直都非常关注学生的核心素养，从最初的双基到素质教育再到现在的教育根本任务，都是为了突出学生的核心素养教育。这些在之前已经讨论过。而从基础性课程的性质来看，科学核心素养需要基础型课程把数学课与其他核心课程融合在一起。简单来说，有以下几个方面的工作要做。

（一）核心素养要关注学生的数感培养

数感培养是数学教育改革的目标。从科学核心素养培养的实际来看，数感培养有利于科学核心素养的发展。在 2011 年的《全日制义务教育数学课程标准（修改稿）》指出："数学素养是现代社会每一个公民的必备基本素养"。"数感主要是指关于数与数量、数量关系、运算结果估计等方面的感悟。建立数感有助于学生理解现实生活中数的意义，理解或表述具体情境中的数量关系"。可见，数感的培养对于科学核心素养的培养来说具有十分重要的意义，掌握数与数之间的关系，正确理解算术问题能够帮助学生正确理解科学探究过程中呈现的美感，不断优化实验方案，促进他们对科学的思考与理解。

数学课程标准中对数感的具体表现只有简单的表述，并没有介绍如何在日常教学中落实。一线老师对于数感培养也是在不断地探索之中。简单来说，数感的培养需要教师在日常教学之中持续关注，要设计有效的教学活动，巧妙的提问方式，开放的课堂交流，科学的课堂环境创造等。

第一，结合学生生活的实际情景发展学生的数感。科学源于生活，发展学生的科学素养离不开学生的日常生活，对于数学教育来说也是一样。数感好的学生能够运用数字和运算表示各种具体的现实情境，也有很多学校的教学是围绕学生的日常生活展开的。所以，数感的培养要求教师为学生提供大量的真实情景问题，让数字和运算产生现实意义。数感培养的这个方式可以把学生的非正式数学知识和生活中的数学经验结合起来，把新知识的学习或新经验的学习与学生已有的知识结合起来，形成一个广泛的网络体系。通过情景活动培养学生的数感，改善学生对数学的情感，启迪学生的数学思考与科学思考方式，从而拉近学生与数学以及科学的距离，正是数感培养的最终目标。

第二，要关注数字概念的生成过程。在 HPS 科学教学取向之中，科学史的教学能够帮助学生准确理解每一个科学概念的诞生过程，有利于学生对科学概念的理解，在数这方面也是一样。数字的概念本身是抽象的。除了相应的符号之外并不具有直接的物质表现，学生的头脑之中不能准确建立表象，而通过这种模式则很容易实现学生对数字的理解，从而准确把握数的概念。因此，古代数字概念的产生历史实际上也是和学生的日常生活结合在一起的。古人所经历的生活，学生也会经历。而作为教师则应该充分考虑学生的身心发展特点，结合他们的知识设计有意义的活动，使得他们有更多的机会从已有知识中学习数字。

第三，从个人独立学习到小组集体学习的形式发展学生的数感。学生的独立思考与小组的有机结合，一方面能够提升学生的独立思考能力，另一方面则能够提升学生的团队沟通能力。这种思维方式有利于学生思维深度以及广度的培养，不论是科学素养还是数学素养来说都是非常重要的。

在以数感为中心的课堂教学活动中，针对相应的数感成分，教师能够通过多元评价的方式检测学生的数感认识程度，并针对课堂教学的活动设计不同的环节。对于能够促进学生多角度思考、开拓解题策略的问题，或在课堂有限的实践内意犹未尽，又能够编制成校本作业让学生在课余时间继续探讨。

总而言之，数感是一种感悟，一方面包含有感知的成分，另一方面则是学生的思维成分。数感是学生对数字与数字之间关系的认识，要求学生运用数字之间的关系进行推理和解决问题。因此，对于科学素养的培养来说，数感的培养并不是最终的目标，而是学生通过学习、实践和反思，逐步发展起来的一种工具。数感的建立、发展和强化，可以提高学生对数学的感知，能够让他们更多地表达自己对科学问题的看法，收获实践能力和创新精神。

（二）核心素养应注重提升学生的动手能力

初中阶段是学生科学素养的形成与发展的关键时期。自然科学课程是以实验作为基础的，在学习科学知识与原理的基础上，如果实验不能及时跟上，就不能产生对自然科学知识的充分理解。因此，从自然科学课程的教学来看，学生要在科学知识和原理的基础上提升自己的动手能力，在获得科学知识的同时培养观察能力、动手能力，了解科学的探究过程与方法。

学生的操作技能不仅仅建立在实验的基础上，还可以在 STS 基础上提升动手能力。对于学生来说，动手能力的提升是将自己思考能力和探究能力结合在一起，是学生未来应用科学知识的最终方式。在前面的数感培养中，教师就是在巧妙利用提问和帮助学生搭建模型的方式，提升学生的科学探究能力。

初中生好奇心强，自我表现意识强，但是缺乏自主学习的动力。自然科学的教学通过实验和探究教学的方式，能够把学生的好奇心转化为求知欲，激发科学兴趣与学生思维，促发他们内在的学习动力。因此，融合实验教学和 STS 的多维教学方式能够提升学生的探索能力和科学知识的理解能力。

二、核心素养培养的拓展型课程

基础型课程的实施为学生科学素养的提升奠定了知识基础，有助于学生之后科学核心素养的进一步发展。而在拓展型课程中，学生能够进一步提升核心素养的水平。在拓展型课程中，不同教师在集体讨论的基础上形成了适宜于本校学生特征的拓展课程，各个教师再结合自己的特长，开设个人特色精品课程，加深学生所学知识理论的实际应用能力，进一步发展各项核心素养，培养学生的创新精神与意识。

（一）拓展型课程凸显数学特色

在培养人的思维能力和创新能力方面，数学的作用是不可替代的。在前面数感培养的基础上，各类不同校本课程的开设让学生已有运算能力得到进一步的提升。这些课程帮助学生提升自己的空间想象和逻辑思维能力。而对于学生的科学素养来说，这种课程潜在地提升了学生对科学知识的认识。有一些校本课程虽然内容简单，但是却非常有深度，帮助学生把日常生活中的一些基本问题融合到课程中，提升了课程和实际生活的结合。

拓展型课程可以和新科学、新技术紧密联系在一起。例如代数与几何是初中数学面对的关键。而"几何画板探究"这样的校本课程则把代数和几何联系在了一起，并且和日常生活中的许多问题都结合在了一起。因为几何画板这款软件本身带有许多功能，可以把实际生活中的问题表现在几何画板中，几何画板的精准数字展现功能帮助学生更加清晰地了解实际生活中的各种问题。这种教学不仅有利于学生提高自己的动手探究能力，而且有利于培养学生的建模能力以及实验能力。几何画板在展现几何图形方面的有效性能够让学生完整观察到几何图形的实际展现过程，而且能够让学生感受到图形中的变与不变。

当然，在很多学校，拓展型课程是多样化的，能够从多样化角度展现数学的特色，同时也培养了学生的科学素养。这种课程结合其他科学素养培养的拓展型课程则让学生站在另外一个角度回顾这些拓展型课程，从而构建一个综合的、立体的科学核心素养培养模式。

（二）拓展型课程体现"科技见长"

从前文的科学课程标准来看，国际上普遍将科学核心素养的培养划分为三个组成部分，对科学的研究过程与方法达到基本的了解程度，对科学技术对社会以及个人产生的影响基本了解，对科学探究过程与方法达到基本了解。经过科学知识的传授尤其是前文提到的实验教学之后，学生对于科学知识、科学探究以及科学影响都会有大致的了解。而学校开设的科学拓展型课程则侧重各种类型的科技活动，帮助学生体验科学技术的魅力以及带来的重大变化，让他们带着运用于解决社会生活问题的方法回归到科学领域之中，进一步解决科学问题。

有的学校围绕当前非常火爆的智能机器人开设的校本课程就非常容易吸引学生，让学生充分了解当前的科学技术，并把自己学习的知识运用在科学技术课程之中。这类课程首先介绍智能机器人的发展，拓展了学生对于智能机器人的了解，再结合对智能机器人的解剖让学生了解机器人的工作方式，以及机器人的传感器与驱动装置，之后通过程序编写的课程，让学生能够为机器人编写程序，最终帮助学生在传统课程的基础上搭建一个自己的机器人框架。而且这类课程通常都是团队合作模式，课程的实施是以一个小团队为中心。每一次项目完成后，整个小组都会进行讨论，进行整体框架搭建、外观结构设计、实现效果设计等方面的工作。学生在这种培养模式下，大胆思考，深度合作，积极思考，从而构建一个适应于现代科学发展模式的创新团队。

为帮助学生深入理解课堂中学习的环境科学和自然科学知识，将其与低碳、环保的现代城市发展理念相结合，养成学生绿色生活的习惯和思维，有的学校还开发了一系列与环境保护相关的拓展型课程。将教师置于环境教育实践中，将学生置于环保实践中，他们才会不断反思和提高。"全球气候变化"拓展课一方面旨在提升教师讲授气候变化的知识和自信，一方面向学生普及环境教育知识，启发学生对环境问题的思索，帮助青少年意识到气候变化对他们生活的影响，启发他们提高环保意识，并投身环保实践，以自己的实际行动影响和带动社会，努力改善人类居住的环境。围绕气候变化这一主题，任课教师设计了"地球环境的容纳量"、"气候与人类活动"、"危机四伏的家园"、"日常消费与碳排放"、"低碳生活，从我做起"五个模块展开教学活动。模块化的课程框架保证了课堂教学的有效实施。五个模块的内容较为丰富，且可以随着拓展课教学进度变化和社会热点问题的发生，灵活增减，以保障教学内容的时代性和实用性。每个模块的设计又形式多样，在每一个模块教学中，一般都设计了"信息传递"、"活动天地"、"成长记录"及"环保小贴士"四个学习栏目，既有引导学生思考的各种素材，又有实践类、实验类活动。活动设计充分关注学生思维能力、交流能力、实践能力的培养，为学生个体的成长与创新奠定了基础。

三、核心素养培养的探究型课程

依据学生发展的身心规律，以及科学核心素养发展的要求，开展探究型课程是必然的。注重将核心素养融入探究型课程中，即通过专题探究、课题研究以及活动设计等方式，让核心素养在不同的学科中间实现学科与社会的整合。

（一）专题探究

专题探究课程是指教师组织学生围绕一个共同的专题进行分析，或者是采用分组，或者是以个人形式。这种课程的优势在于帮助学生培养自己的探究能力，劣势则是课堂的节奏无法把握。传统的教师主讲的分析课，教师能够把握课堂的节奏，引导学生得出特定的结论，但是学生的探究能力培养则有限。通过大量的文献调研，我们发现有的学校已经在探讨如何有效克服这类课程的缺陷。这些学校采取的方式是课上与课下的结合，集中利用学生的课余时间，在教师的阅读领航计划帮助下，学生能够在课下围绕课程讨论的专题形成一个思考的框架，在课上围绕这个框架进一步讨论，形成一个结论。

（二）特色活动

以科学素养为核心的特色探究活动能够帮助学生参与到科技活动之中，展现他们的动手能力与独立思考能力，达到培养学生的自我成就感的目的。围绕学生的核心素养，科学课程可以借助于自己的特色在不同的领域之中安排特色类型的科学经济项目，让学生创新自己的意识与设计能力，让他们充分结合科技的内涵，成为科学探究的主人。

以某学校的科技周为例，这种探究活动就包含了多个比赛，如动力赛车竞赛、创造发明挑战赛、"登月进行时"航天模型制作、自然笔记评选等。例如在动力赛车竞赛中，参与的学生都是对动力赛车有极大兴趣和积极性的。车辆模型活动中，最为常见的就是以电池作为动力，但是也有很多模型是采用惯性、皮筋和风力作为动力。在活动过程中，学生都会遇到不少的困难与挑战，要么是动力太小，要么是设计不美观，这些问题都需要经过反复的探索与尝试。在这个过程中，学生不得不进行集体思考，探索解决这些难题。

（三）课题研究

科学教育的目的是在教育根本任务下让学生融入社会中，因此要让学生逐步了解社会、适应社会，看到科学课程和社会之间的整合，让学生在社会的课堂中开展课题研究的学习实践。

在以核心素养为中心的课题研究中，所谓社会的课堂是指不同的社会专业场馆，以及能够帮助学生的除了家庭和学校之外的其他社会专业人士。因此，怎样使学生对探究的课程体会更加深刻，学校要考虑的是社会中的各类场馆，相关领域的专家与学者。这些场馆可以是博物馆、科技馆、植物园、动物园，让学生更加亲密接触科学资源。学生们每年去自主探讨一些政治经济、文化自然、军事等任何一个领域的调查，形成报告。在这个过程中，学生作为一个探究的主体，充分利用各类资源，形成了自己探究的能力，掌握了探究的方法，而报告的撰写则让他们掌握了如何与他人交流，并逐渐从原来的研究小组成员发展成为一个独立的科学探究个体。这样的探究活动充分体现了教师引导下的学生自主探究学习，极大程度上激发了学生研究问题的兴趣与能力，同时也让学生更为自主地掌握科学知识，形成跨学科的知识认识。

在充分利用社会资源的同时，还要引导学生走向更加宽广的社会天地，接触学校和家庭之外的认识。学生们根据研究兴趣爱好，在不同的行业、单位、街道以及小区展开调研，通过访谈或者调查问卷的方式，了解一些STS式问题的答案。通过这样的活动，学生把自己掌握的科学知识应用在社会探究中，更为广阔地拓展了自身的知识视野，展现了自身的核心素养。

第二节　核心素养的课程文本

学校课程文本指某一正在实施（或将要实施）的课程方案（又叫课程计划或课程指南）、课程标准、课程资源（包括既有资源，如教科书、教学参考书等和有待教师开发的资源），也包括教师自己编写的教案。本章涉及的学校课程文本，具体包括学校的课程计划、科目方案、教学材料以及相关教学资源等，这些文本构成了学校课程实施的重要参照性材料，也是教师理解课程的重要载体。延安初中在课程文本建设过程中呈现了多层次的特点，具体体现为两个方面：其一，就文本开发的考虑因素而言，学校在课程本文的建设过程中体现着国家要求、上海市要求及学校的具体情况；其二，综合上述三方的考量，就学校形成的具体文本而言，课程文本本身在课程计划的研制、科目方案的编制与审核以及相关课程资源的开发中，逐步细化并融入对学生素养培养的考量。在每个层次内部，各要素是相互关联、相互影响的，如科目方案的编制以课程计划的研制为指导，而相关课程资源的开发又是以科目方案为参照。最终，针对学生不同的核心素养进行课程文本开发，形成系列化的文本，呈现出能够结合本区域学生科学核心素养掌握的特点。

一、学校课程计划的研制

课程计划，又称课程方案，一些西方国家称为教育计划，而在苏联或俄罗斯称为教学计划。它是指"根据一定的教育目的和学校及其专业的性质，由教育行政部门或学校机构制定的关于学校教育和教学工作的一种指导性文件"。我国实行国家、地区、学校三级课程开发和管理模式，因而在不同层级上也会有相应的课程计划，而这些不同层级之间又呈现出纵向的关联。从外部来说，各个学校的课程计划是对国家和地区的课程计划的具体落实；从内部来说，学校课程计划是对学校自身教育和教学内容及其进程的顶层设计和规划。从这种意义上说，依据国家和地方的课程计划，结合学校自身实际，制订指导学校自身教育教学工作的课程计划，具有重要的意义。校本课程计划正是在课程计划的基础上，融入"让每一个学生的潜能得到充分发展"的理念，整合初中生科学核心素养的要求，进一步调整和优化课程结构和设置，深化和拓展了"轻负担、高效益、多类别、有层次、综合化"的课程特色。

（一）以课程计划为依据，促进校本化

严格来说，学校课程计划是国家和地方的课程计划的"校本"方案，是指导学校自身日常课程与教学工作的纲领性文件，包括对学校自身的课程理念、课程目标、课程内容、课程实施与评价等方面的总体规定和要求。当然，这一总体方案必须体现在各年度、各年级的课程计划中。下面将通过具体的学年课程计划，展现中学应该如何推进国家和地方课程计划的校本化。

各年度学校课程计划的编制要始终坚持落实上级教育管理机关初中课程计划的精神。在各年级，无论是在课程或科目的类型上，还是在课程或科目的课时分配上，都要严格执行上级教育管理部门关于初中课程计划的规定，开足开齐各类课程和科目。具体来说，初中各年级的周课时总量要控制在 34 课时以内，严格落实基础型课程、拓展型课程和研究型课程的内容，确保三类课程及其科目的足量开设和结构平衡。

上级教育管理部门课程计划尽管对各个学校应开设的课程、科目及其周课时量作了明确的规定，但在这一框架下也赋予了学校结合自身基础、优势和特色进行校本化实施的权力和空间。比如，上级教育管理部门课程计划指出，在基础型课程方面，学校可以在确保各类课程总课时数的前提下，调整生命科学、社会、劳动技术、信息技术等课程的设置；在拓展型课程方面，要求"六至八年级每周安排 1 课时用于写字，各年级学科类、活动类科目每周至多不超过 1 课时，鼓励开设短周期的学科类、活动类科目，供学生选择，部分活动类科目可与学生体育活动相结合"；而在探究型课程方面，可以单独设置，采取学生必修的方式，课时可分散使用，也可集中使用。根据这些指导性意见，延安初中在课题引领下，结合核心素养的培养要求，对三类课程中的部分科目或内容及其实施方式进行了调整；比如，在基础型课程中，依据部分科目本身的性质和教学实施的需要，重点对数学、生命科学、劳技、体育与健身等课程的开设方式进行了调整。在拓展型课程和探究型课程中，则充分依托学校办学特色和核心素养领域，凸显了阅读、数学、实验等方面。

（二）立足核心素养，增加选择性

在课程设置上，强调以阅读素养、数学素养、科学素养和人文素养为中心，科学素养核心课程面向全体学生，开设了丰富的可供学生自由选择的课程。目前，这类课程已经达到了 68 门，完全由学生根据自己的兴趣、爱好和特点自主选择，而且每个学生在他们自主选择的课程中切实获得了多方面的发展，体验到了学习的成功，增强了自我效能感。总体来说，这些课程不仅是对"让每一个学生的潜能得到充分发展"这一办学理念的具体落实，符合多元智能理论的观点，而且具有较强的社会针对性。比如书法、篆刻、中国结制作、汉服和汉文化等课程的开设，即是针对学生受流行文化影响，忽视传统文化等现实问题而开发的。同时，这些自由选修的课程是周一至周四下午第四节课起（周五为下午第五节课起），向不同年级的学生同时开放，因此学生可以在周一至周五根据自己的时间灵活选择课程进行学习。这种安排方式完全打破了原有的年级边界，实现了真正的跨年级选课，因此这些课程不仅在内容上能满足学生的多样化需求，而且在组织形式上为学生的跨年级、跨年龄或跨班级交往提供了现实的平台，从而促进学生个性和社会性的充分发展。

（三）适应学生差异，体现层次性

无论从生理还是从心理来说，初中阶段的学生都处在一个飞速发展的时期，而且学生之间的差异也会随之扩大。延安初中为了适应这些差异，针对不同年级甚至不同性别的学生身心发展的不同特征，对三类课程的实施进行了调整和优化。具体来说，一些基础型课程采取分层走班的组织形式。特别是数学、英语、物理等学科，学生的原有基础不同，学业分化较大，为了适应这种分化，更有针对性地实施教学，学校在这些学科采取了两班三教师的机制，即每两个班的学生合在一起，分成三个层次或水平，分别由三名教师上课，以尽可能地关照到学生的差异，提高每个学生的学业成绩。

实际上，学校还将这种机制用在体育课上，但两班学生合在一起，是基于性别及其发展特征的不同，具体分成两个男生班和一个女生班。所以这样分，一方面是因为初中生处在快速发展的青春期，身体和心理的特征变化明显，男女生混合上体育课既有不便，也难以给予有针对性的健身指导，另一方面也是出于安全和管理的考虑，女生相对温和，而男生相对好动，分开教学有利于体育课堂效能的提升。此外，八年级的心理课也实施男女生分班上课，以使青春期男女生能够更好地了解自己，迎接青春。

这种层次性还体现在课程内容层面。在综合考虑学生发展特征和上海市课程计划要求的基础上，学校在六年级重点关注中华传统文化课程，七年级关注信息技术课程，八年级关注心理健康课程。比如，在阅读素养方面，不同年级的拓展型课程或选修课程都采取了螺旋式推进的方式，呈现出主题系列化和内容丰富化的特征，英语组六年级的"英语歌曲赏析"、"英语基础"课程到七年级的"英语趣味阅读"、"原版影视欣赏"、"英语脱口秀"等课程即是如此。又如，在数学素养方面，从对数感的强化到对数学文化的认知，以及对生活中数学的体验，也是对课程内容分层推进的反映。

（四）突破课程边界，凸显综合性

初中课程计划文本的研制除了考虑上级管理机构的课程计划，以及学校科学教育核心素养的融入，以及学校学生的实际需求，也考虑到对课程载体的不同认识，具体表现为不同教材版本的知识融合，不同学段的知识深化，不同学段不同领域的整合。而这些融合、深化以及融合的背后所蕴含的则是学生素养的融合。

一是，不同科学课程版本的融合。以科学教育课程为例，具体教育中可以教育课题推进作为契机，将不同教材的科学课程教材进行融合，对比不同版本的知识和方法进行融合式实验，实现最终教材的优化和调整，以便符合本校学生的认知水平和兴趣特征。例如在教材中穿插的趣味化学、科学以及生活中的科学等方面的材料，充分体现了基础型课程同社会生活之间的联系，将实际所学的知识运用在社会生活之中。而为了拓展学生的视野，学校利用一些校外资源，把课程和学校的资源联系起来，实现了学校资源的最大化利用。

二是"合分一体化"的渗透。"合分一体化"的思想源自于学生知识螺旋上升累积机制的考量。相应地，学生素养的培养也呈现阶段化的特征。所以对于同一知识的讲授，在不同的学段也会呈现出不同的任务。在科学课程计划编者的过程中，也考虑到了知识的这种衍生过程，进行具有学校特色的内容融合，也就是渗透着"合分一体化"的课程思想。在不同的年级，在具体的课程设置一览表中呈现出课程选择的不同水平，而且在分年级细化之后，学校针对不同年级的不同任务开发相应资源。

三是跨学科与跨学段的融合。科学课程不仅是针对单门课程的知识点深化进行相应调整，在不同的领域之间围绕整合核心素养也进行跨学科层面的尝试。科学课程作为一门跨学科课程，目的就是要全面培养学生。围绕学生的责任意识、创新意识，把学生各方面的素养要求全面体现在科学课程之中，包括课程列表的呈现，也就是基于核心素养的划分，而具体开设的不同课程，则会侧重于不同素养的培养。从课程计划的需求来看，能够体现出的跨学科以及跨年级的课程特点，同时这种素养的培养在科学课程中培养也是超越了传统的学科便捷，是一种融合式的培养。而在每一个学段的科学课程，如小学阶段的常识课程，则是为接下来的初中、高中课程打下基础，让学生认识到科学概念的系统性和完整性。在初中学段则是起到延续小学科学教育的作用，对高中学段的科学课程知识深化奠基。因此，在初中学段，科学教育课程则会起到继续进行科学本质教育，实现学生对科学本质教育的进一步深化，同时也为在高中阶段的分科教育作出学科知识方面的必要准备。高中阶段则是公民科学素养教育的完善与发展，同时也是为接下来的大学专业教育作准备。学生在这个阶段对于科学本质的认识会更加深化，而且在这个阶段进行分科教学，对于学科知识的认识则要更加深入和系统。因此，在不同阶段，科学教育承担的任务会有所不同。但是在突破学科界限的科学课程中，科学教育的任务则是要凸显科学的综合性，实现学生对科学知识的系统性和综合性认识，同时也实现自身科学素养的不断提升，这在分科教育中是不会存在的。

二、教学科目方案的编制

在具体的课程计划指导下，课程领导小组努力调动全体教师的开发积极性，面向全体教师征集科目方案。这些科目方案紧紧围绕着学生核心素养的培养，是学校已经开设或拟定开设的拓展课等相关课程的文本依据。作为课程的开发方式，科目方案的制订是必不可少的，具体包括需求分析、课程目标、课程内容、课程实施与课程评价等内容。科目方案编制层面不仅要包含上述内容，还要形成自己的编制特点。须要说明的是，这里只是片段式的列举，本书附录中列有部分拓展型课程的科目方案，可供参照。

（一）标准参照

课程的开发编制要具有针对性，必然需要一定的标准参照。在科目方案编制时要关注多层次的标准，既要关注来自国家教育政策的文本参照，也要有来自学校自身的培养目标参照，还要有针对社会、现实问题的参照，而这些参照的出发点也多基于学生已有的知识和未来的发展方向两个层面。

1. 已有政策文本参照

《国家中长期教育改革和发展规划纲要（2010—2020年)》、《基础教育课程改革纲要（试行)》以及《义务教育科学课程标准》等文件都明确指出教育的现代化、世界、未来指向，课程设置应体现义务教育的基本性质，以学生为本，遵循学生的身心发展规律，适应社会、经济、科技发展。普通中小学课程基本理念规定：课程要为学生提供多种学习经历，丰富学习经验；以德育为核心，注重培养学生的创新精神、实践能力和积极的情感；拓展基础内涵，加强课程整合；完善学习方式，拓展学习时空；赋予学校合理的课程自主权，形成有效的课程运行机制；在初中阶段，注重对语言、数学、人文社会和科学等方面基础知识的掌握。这些要求也明确、充分地体现在延安初中科目方案的编制过程中，比如："拼布"课程的开设，侧重于培养学生想象力和动手能力，增强其审美意识；废物利用的创作构成，会养成学生节约资源的习惯，增进关于布艺历史知识的了解。这些目标都或多或少体现着课程目标中的要求，凸显了科目方案的编制对相关政策文本的参照。

2. 学校核心办学理念和核心素养参照

延安初中相关科目方案文件中指出，拓展课程的育人目标是"尊重个体差异，激发学生潜能"，作为学校办学理念的阐述，强调以全体学生为受众，关注学生个性化的需求，拓宽学生的知识面，促进个性发展，强化基础型课程理论知识的实际应用能力，提升人文修养和科学素养，培养创新精神和创新意识。具体到每一门课程当中，延安初中的科目方案也与学生核心素养的培养密切相关，有的课程融合了单一的核心素养，有的课程则是融合了多种核心素养，同时兼顾学生既有的基础型课程内容与知识水平，并以此为参照。

一是单一核心素养参照。比如"趣味生物"、"几何画板"课程是分别针对科学素养、数学素养进行设计和开发的。在"趣味生物"的科目方案设计中，主要是围绕已有基本生物知识的学生，使学生了解植物多样性的意义，理解生物特别是植物形态结构与其生存环境相适应的关系，从而激发学生从自身做起，参与到保护植物以及生物多样性的活动中。其主要活动有生命科学小知识的介绍，小实验及探究性内容，动植物标本制作，竞赛相关内容辅导。所以，它不仅涉及基本科学常识的学习，还包括对动植物存在价值的思考以及保护自然、爱护动物品质的培养。这一科目方案分别与核心素养中的科学素养的三个水平——科学常识、科学意识和科学能力相对应：初中学生应当了解或理解的基本科学知识，学会或掌握一定的基本技能，并能用它们解释常见的自然现象，解决一些实际问题；初中学生在日常生活和学习中应当具备的对科学本质与价值的认知水平及以此为基础的行为意向；初中学生运用科学知识与技能解决问题，以及进行初步探究和创新的能力。

二是多种核心素养参照。例如："全球气候变化"课程融合了科学素养和人文素养两种核心素养；"汉服礼仪文化"课程即是结合学校核心素养中的人文素养培育及七年级第一学期历史学科德育主旨"文化认同"进行开发的。延安初中所指的人文素养指标体系包括了道德素养、法律素养、文史哲素养、环保素养和审美素养。"全球气候变化"这门课程旨在拓宽和强化学生对气候变化和低碳生活等相关知识的理解，帮助学生认识环境，同时也是为了帮助12岁以上的青少年意识到气候变化对自己生活的影响，启发他们反思行为，增强环保意识，投入环保实践。其中不乏相关道德和法律常识的讲授，学生也将自己与环境的关系放置在整体关联的视域中去考虑人与人的关系，人与环境的关系，这些都是人文素养的重要方面。"汉服礼仪文化"课程主要目的是让学习者从汉服发展的漫长历史中，了解中华民族特有的智慧和人文精神。在西方文化汹涌而来的今天，让学习者认识到保护和发扬中国传统文化的重要性和历史意义，让学习者加强对本民族文化的自豪感，认识到自己的民族服饰的美丽和大气，以及历史赋予它的深邃。同时，这一课程也整合了历史教材中有关中国古代史的知识，所以道德素养、审美素养自然地融合其中。而课程中相关资料的阅读与学习，也是为提高学生的阅读素养作出的尝试与努力。学生在了解中国古代史这一动机的驱动下，进行信息的加工和处理，分析与理解材料的意义，增强鉴赏和评价材料的能力，养成阅读的习惯。这些都与核心素养中阅读素养的培养指标相契合。

综上可见，延安初中在科目方案的编制过程中，将核心素养的培养作为重要参照。无论单一的素养，还是融合的素养，在课程目标的设置、课程内容的选择、课程进度的编排乃至教学评价的设计上，都围绕着核心素养而展开。

3. 社会与个人实际需要参照

丹尼斯·劳顿主张课程编制应该考虑儿童本身的兴趣与需求，又必须承认学科、知识和客观价值，此外还要顾及社会要求，以一种综合的观点来处理有关问题。这种观点被称为"情境中心论"，强调课程编制应全面考虑学生将要面临的世界，使他们学会适应未来社会的各种情境。延安初中在进行科目方案编制时，正是考虑到了当下的时代特征与社会问题，以解决问题为目标来进行课程开发。比如书法，篆刻，中国结制作，汉服和汉文化，传统糕点制作等"中华传统文化"系列课程，就是面对外来文化对传统文化的冲击，旨在于教学中进行中华传统文化的渗透而开发的。此外，随着科学技术的发展，为使教学内容紧跟时代发展趋势，增强知识的应用价值，学校开设了"现代生物技术"、"智能机器人"、"单片机技术"、"电脑动画制作"、"电脑绘图"等课程，成为"新科学·新技术"系列课程的代表。一些体育类拓展课程，比如乒乓基础与拓展，篮球提高，棋类基础等则是旨在培养学生的健身素养，增强健身意识，指向终身学习、终身锻炼的目标。这些课程不仅服务于社会的需求，也符合学生个人发展的需求。

综合上述三点不难发现，延安初中科目方案编制的标准参照既源于自上而下的教育政策文本要求，也来自自下而上的实际问题需求，突出指向学生各类核心素养的培养和各方面的综合发展。

（二）结构多样

科目方案包括课程名称、授课教师、开设对象、选修方式、课程周期、课程意义、课程目标、课程内容、课程进度、课程评价、特色介绍、课程资源等部分，呈现了课程从设计——开发——实施——评价的大致流程。一般而言，所开设课程的"课程纲要"格式会包括课程目标或意图陈述、课程内容或活动安排、课程实施建议与课程评价建议等内容。相应地，延安初中呈现的科目方案结构也包括了上述内容。此外，在目标、内容、教学方式和评价方式方面也体现了科目方案设计的多样性。

1. 课程目标：立足点多样

在课程目标的设置和陈述上，延安初中的科目方案呈现出以下几种类型：知识目标、情感目标、行为目标、身体目标、适应目标、表现目标。如"生活中的法"这门课程，在知识目标层面上，旨在让学生知道法律在社会生活中的重要性，了解法律对人们行为的规范作用和对人们的保护作用，懂得青少年学习法律常识的重要意义；在行为目标层面上，旨在通过案例教学和情景讨论，增强学生学习法律的热情，学会用法律的观点分析问题；在情感目标层面上，旨在让学生懂得在生活中自觉学法，懂法，守法，增强法律意识与法律自觉。再如"经典诵读"课程，其主要的情感目标是从传承中华文化、推进素质教育和陶冶品德情操三个层面进行设定，是将情感目标具化的体现。另一种行为目标的表述与这一类有所不同，如针对体育课程，更加强调动作技能的行为表现，是基于具体的课程内容展开的。此外，诸如体育类课程，还有另外两种比较重要的目标：身体目标和适应目标。如"篮球游戏与欣赏"课程，在知识技能目标上旨在教会学生如何正确地欣赏比赛，并在游戏中学习与了解技术、战术要领；在身体发展目标上旨在通过篮球活动，发展学生的灵活、速度、力量、耐力等身体素质，促进身体素质的全面发展；在心理发展目标上旨在了解篮球运动的锻炼价值，培养学生参加篮球运动的兴趣与爱好，最终培养学生自信、果敢、善于合作的精神，提高社会适应能力。而关于表现性目标，则更多的是集中在学生对课堂活动的参与。如"手工制作"的表现目标之一是通过学生的手工制作参与，综合运用剪、折、撕、贴、连接等技能，独立设计制作工艺品。学生掌握的情况并不取决于学生作品的质量，而是学生的参与过程。

从以上几种典型的目标结构中可以看出，延安初中在进行科目方案的目标编制时，主要以三维目标为基础，进行了一些调整和补充，不仅关注到与课程内容直接相关的知识的掌握、技能的获得、情感的陶冶，还包括与课程简介相关的身心适应维度，以及更加宽泛意义上的课堂参与。可见，课程目标的立足点既可以基于课程内容本身，也可以基于教育的最基本内涵——促进人的发展，这给予了教师更大的设计空间。这里的目标设定，既有详细具体的目标，也有宏观的教育目的，还包括融于教学的活动，呈现出立足点多样化的特征。

2. 课程内容安排：切入点多样

科目方案明确地阐述了不同科目的学习内容以及按照进度表的方式呈现出的不同课时的重点学习内容。这些内容之间呈现出由易到难、由简到繁的特点，注重知识点的分解教学、与基础型课程知识的联系以及与实际生活的联系。一般来讲，课程内容的设计主要有三种模式：

一是螺旋上升的纵向模式。这样的内容安排模式侧重于知识的纵向延伸特点，旨在关注某一知识的深化与拓展。如表3-5所示，"乒乓基础与拓展"课程将乒乓球的基本技术打法逐步分解，在课程进度中明确呈现出每一节课的教学内容，而且每节课之间的内容存在着内部联系的特征，下一个内容的学习都是基于上一个内容的掌握，充分体现出知识技能螺旋上升的特点。

二是平行拓宽的横向模式。这种内容安排模式类似于主题课程，将课程主题横向扩展到相关的主题领域，以加深不同领域知识的融合。如"全球气候变化"课程，就是从社会生活的角度入手，在地理、化学、社会等学科的知识基础之上，结合实验探究的方式予以呈现。课程进度以气候与人类衣食住行的关系为线索进行编排，不同的内容分成不同的模块设计，充分体现了气候变化与其他相关生活情境的影响，着重体现出事物之间的联系。

三是混合模式。即前两种基本模式的融合，可以针对某一内容进行深化，深化的程度和所需课时数则会根据学生的掌握水平、学生的兴趣程度等多方面因素而决定。

以上所讲的横向和纵向两种内容的安排方式成为延安初中课程进度设计的主要方式，横向与纵向的划分也显示了知识本身、该课程知识与其他知识之间的逻辑关系。在此基础上，教师可以进行自由调整。比如在同一主题模块中进行知识的纵向讲授，螺旋上升的"高度"是以学生的掌握能力为立足点的，教师在进行进度安排时，也没有明确指出学生本节内容应达到的目标，而是为学生多方面核心素养的形成提供了弹性空间。所以，教师从哪个角度，切入教学内容以哪种方式切入教学内容，是有着多样化的选择的。

3. 教学方式：路径多样

根据不同的课程内容，在进行具体的科目方案编制时，延安初中的教师在进行教学方式的选择、设计方面也特别注重用多样化的方式去培养学生不同方面的核心素养。延安初中对传统的"教师讲授——学生吸收"模式进行了转型，特别是在拓展课中，关注学生的自主学习，以任务和项目驱动，引导学生了解完成项目需要获得或掌握的知识点，主动寻找完成任务的工具，这在该校的教学过程中是尤为重要的。总体而言，在教学方式的选择过程中，延安初中所采用的方式如下：

"以动手实践激发素养"的教学。除了常规的课堂教学，针对某些课程，教师在科目方案中设计了相关探究实验，尤其是针对理科类的课程，比如"动物的生理与解剖"，主要采用的就是实验教学法，教师几乎每节课都会准备学生实验与实践活动等教学安排，让学生通过亲自动手、亲眼观察得出实验结论。而对于一些文科类课程，教师则往往设计各种鉴赏活动、比赛活动，以增强学生的学习兴趣。比如"汉字的认识"课程中，教师在每个教学模块均设计了包括视频资料的欣赏、大家一起进行说文解字，进行一些汉字听写的小比赛等丰富的学习活动。通过这些动手实践，学生的核心素养发展能够受到内在兴趣驱动。

总体而言，教学方式在注重过程探究的基础上也呈现出多样化的特点，这些特点取决于课程的文理性质，而最终均指向核心素养的培养。动手实践、知识探究和交流合作分别指向了三种不同的课程取向——活动课程、学科课程和社会课程，依次关注知识本身、探究过程本身以及人际互动。可见，延安初中的教学方式既隐性地对应了不同的课程开发取向，又对教师的教学方式提供了选择的多样性。此外，更加重要的是，在不同的教学方式类型下，学生核心素养的指向也得到一定的体现。

第七章 基于学生核心素养的视角科学课程的现状
——以 STEM 课程为例

STEM 教育将决定美国未来是否能够成为世界领袖，是否能够应对如能源、健康、环境保护和国家安全等诸多领域的巨大挑战。STEM 教育将有助于培养国际市场竞争所需要的能干且灵活的劳动力。STEM 教育将确保美国社会继续作出基础性发现并提升对人类自身、地球和宇宙的理解。STEM 教育将造就科学家、技术家、工程师和数学家，他们将提出新的思想，制造新的产品并创造出 21 世纪的全新产业。

第一节 STEM 课程简介

一、STEM 教育课程的内涵

这里首先摘录两段有关 STEM 教育的界说及其基本特征的描述。美国峡谷市州立大学（Valley City State University）教育学院设立有名为大平原 STEM 教育中心（Greater Plains STEM Education Center）的专门机构，其官网上这样描述"什么是 STEM 教育"：

• STEM 超过了其首字母缩写所包含的内容，它远不止于科学、技术、工程和数学；

• STEM 教育是关于学生参与的教育（engagement），这是目前美国中小学做得并不太好的地方；

• STEM 教育是基于项目的学习；

• STEM 教育运用科学探究过程和工程设计过程；

• STEM 教育是跨学科的；

• STEM 教育运用了竞争的要素；

- STEM 教育是关于积极学习的；
- STEM 教育是关于合作与团队工作的；
- STEM 教育是关于实际问题解决的；
- STEM 教育连接抽象知识与学生的生活；
- STEM 教育整合过程和内容；
- STEM 教育是以标准为基础的；
- STEM 教育向学生提供投身于缜密学科的理由；
- STEM 教育是 21 世纪的教育；
- STEM 教育是关于美国未来的教育。

美国名为"项目引路"（Project Lead the Way，PLTW）的著名专业 STEM 机构，致力于在美国中小学推进 STEM 教育并提供与中小学各学段相适应的 STEM 课程，认为 STEM 教育是今天高技术、高技能全球经济的核心。PLTW 将其课程实施特征概括如下：

STEM 教育课程计划，就像 PLTW 提供的课程计划一样，旨在使学生参与以活动为基础、以项目为基础和以问题解决为基础的学习，它提供了一种动手做的课堂体验。学生在应用他们所学到的数学和科学知识来应对世界重大挑战时，他们创造，设计，建构，发现，合作并解决问题。

我国也有不少学者对 STEM 教育的特征进行了些许研究，其中归纳总结比较全面的一文认为："STEM 教育中四门学科的教学必须紧密相连，以整合的教学方式培养学生掌握知识和技能，并能进行灵活迁移应用于解决真实世界的问题。融合的 STEM 教育具备九个新的核心特征：跨学科、趣味性、体验性、情境性、协作性、设计性、艺术性、实证性和技术增强性。"

二、STEM 教育的特征解析

上一节中的若干引文对 STEM 教育进行的界说和解释，基本反映了中小学 STEM 教育的最基本特征。但笔者在这里更愿意根据美国的相关研究将这些特征归纳为课程整合、项目学习、设计路径和问题解决四个主要方面。美国国家工程院和国家研究委员会在 2012 年曾联合组建 STEM 整合教育委员会（Committee on Integrated STEM Education）并在 2014 年发布了该委员会的研究报告《K12 STEM 整合教育：现状、前景和研究议程》（STEM Integration in K12 Education：Status，Prospects，and an

Agenda for Research)。STEM 整合教育委员会由不同学科专家组成，对美国现有的 STEM 及其整合教育的研究和实践进行了充分的研究，并在研究结果的基础上提出了十项建议，同时归纳了从研究中获得的如下三个关键的启发：

• 整合必须明确。大量对 STEM 场景的观察表明，学生对各种表征、材料和多个单元内容间的整合不是自发的，因此不能假定其会发生。这就要求重视整合经验的设计，为学生在学科内和学科间获取知识和技能提供有目的的、明确的支持。在许多 STEM 整合实验中，缺乏这些支持，或者仅将其暗含在课堂活动、CAD 软件、测量仪器或课堂的计算机工具中。

• 应支持学生学习单个学科的知识。当学生不理解单个学科中的相关概念时，建立学科间的联系就有困难。同样，在整合情境中，学生不会经常或自然地应用其学科知识。因此，在工程或技术设计情境中，学生需要获得支持以引出相关的科学或数学概念，有效联系这些概念，并以规范、科学的观点和实践方式重新组成他们自己的概念。

• 整合并不一定越多越好。在 STEM 学科间建立联系的潜在效益和挑战，意味着需要以一种可测量、策略性的方式实施 STEM 整合教育，要以其在认知和学习上的利弊为依据。

（一）分科教学的 STEM 教育

从上述三个启发中可以看到，在 STEM 教育中实施分科教学依然是必需的，这也正如笔者在"正确理解 STEM 教育"的总序中所提出的 STEM 首先是分科的，其次 STEM 又是整合的。STEM 整合教育委员会为此指出：整合教育委员会所收集的证据还不足以建议 STEM 整合教育能够或应该取代高质量的 STEM 分科教育。整合教育委员会绝不期望用 STEM 整合教育替代在许多情况下适用的 STEM 分科学习。实际上，STEM 整合教育要求学生加强与其相关联的不同学科专业知识的学习。

K12 的课程历史以及每门学科在课程体系中的"位置"，使 STEM 学科间建立联系变得很难。重视单个学科的学习很重要，因为关于学生如何掌握各个领域的知识和技能，这个问题很复杂，还有诸多问题需要弄清楚。每门学科由其知识基础、专业实践、特定的思维习惯构成。这样，STEM 教育继续重视对学科的理解和提高是恰当和必要的。同时，对单个学科的一贯性重视，几十年来影响着课程开发和师资培训，也对 K12 STEM 教育的跨学科整合形成了实践挑战。

STEM 整合教育委员会为此对 STEM 的具体学科都略微作了简要介绍，以利于人们能正确认识各个学科。就分科教学而言，数学那就排在首位了。

1. 数　学

数学研究的是数量，数和空间的模式及其相互关系。它不像科学那样需要寻找实证性数据去证明或推翻论点，数学中的论点通过基于基本假设的逻辑论证予以证明。逻辑论证本身和论点是数学的一部分。如同科学一样，数学中的知识也会增长，但不同于科学，数学中的知识不会被推翻，除非基本假设被改变。K12 年级数学的具体概念范畴包括算术、代数、函数、几何、统计和概率。数学被运用于科学、工程和技术。在美国小学阶段，通常由同一个教师教授所有的核心课程，包括数学，不过数学未能获得与阅读和语言艺术同样多的时间。从初中到高中，数学则由专业教师进行分班教学。

2. 科　学

科学是对自然界的研究，包括与物理、化学、生物学有关的自然法则，以及与这些学科相关的事实、原则、概念或常规的应用。科学教育还包括地球及空间科学。科学是伴随时间而积累起来的知识，以及通过科学探索过程而产生的新知识。科学知识可以为工程设计过程提供信息。在美国，科学已经成为绝大多数中小学教育的常规部分，但在 K12 年级，科学通常由教授阅读和数学教师兼任。专业的科学课程一般始于初中，直至高中毕业。

3. 技　术

技术从严格意义上来讲并不是一门学科，它由创造和运行技术产品的人力、组织、知识、程序、设备等整个系统组成，包括技术产品本身。在历史上，人们创造技术以满足需要，大多数现代技术是科学和工程的产物，技术工具在这两个领域被应用。技术教育当前的某些版本与职业教育相似，但在过去的 10 多年，许多职业教育也已采用更为学术化的研究方案，涵盖了与 STEM 学科相关的素材。

当前学校中的技术教师工作多样，一些教师负责监管传统的实验室，学生在里面用木头、铁、塑料和其他材料建造产品；其他教师则用更广阔的视野看待技术及其和社会的相互作用，并将技术视为理解制造、建筑、交通和电讯等主题的关键。随着 2000 年《技术素养标准》的颁发，一些技术教师开始教授工程。对 STEM 中"T"的其他诠释被称为教育技术或教学技术。多年以来，这些技术包括幻灯片、电影、电视、视频、学习教具（如计算机和电子白板）。当然，最有影响力的教育技术是个人电脑和互联网，包括网络资源和教育软件。随着处理速度和数据存储的持续发展，更低的售价、快速的无线网络和云计算的结合，PCS（如笔记本电脑、平板电脑和智能手机）成为课堂内外的主要学习工具。

电脑、软件、传感器和其他数据收集工具也已成为对 STEM 教育中"技术"的第三种理解的主要成分，即科学、数学和工程从业者所应用的工具。这些工具包括精确测量大块物质的磅秤，用于研究非常微小和遥远物体的显微镜和望远镜，乃至到用于模仿复杂现象的超级计算机以及展现物质微小建构模块的粒子加速器。

4. 工 程

工程既是大量关于设计和创造人工产品的知识，也是解决问题的程序。这个程序在约束条件下被设计。工程设计的约束条件之一是自然法则或科学。其他约束条件包括时间、财力、可用的材料、工效、环境法则、可制造性、可修复性等。工程需要利用科学和数学概念以及技术工具。在 K12 年级层面，STEM 四重奏中最新且最少被开发的部分就是工程，大多数工程教育的努力都发生在最近的 10 多年中。从 2010 年起，美国有 9 个州将工程包含在其州级科学教育标准中，而 2013 年正式颁布的《下一代科学标准》则首次包含了工程概念及实践的内容。

5. 计算机科学

计算机科学（Computer Science），因《2015 年 STEM 教育法》明确规定术语"STEM 教育"除了科学、技术、工程和数学等学科的教育外，还包括"计算机科学的教育"，它应作为一门学科存在于中小学。美国《K12 年级计算机科学框架》（K12 Computer Science Framework）也于 2016 年 10 月 31 日正式发布。和其他学科，如数学、科学及语言艺术的教育标准一样，《K12 年级计算机科学框架》的建构也以学科的核心概念（core concepts）及核心实践（core practices）为基础。这里的核心概念涵盖计算机学科的主要内容，包括计算系统，网络与互联网，数据与分析，算法与编程以及计算机的影响等五大内容，代表着计算机学科中最重要的具体领域。核心实践则表示具有计算机科学素养的学生用于实现计算机科学核心概念的行为，具体包括培养包容的计算文化，围绕计算机展开合作，确认并定义计算问题，发展和使用抽象思维，创造计算产品（计算产品主要包括程序、计算机模拟、可视化、数字动画、机器人系统及应用软件等），测试并改善计算产品以及关于计算机的交流和沟通等七项核心实践。

位于美国华盛顿州华盛顿湖学区的非常著名的特斯拉 STEM 高中（Tesla STEM High School）的课程设置旨在为大学作好准备，为就业作好准备，为未来作好准备。

特斯拉 STEM 高中实施基于项目的教学，每个学生都要参与到六七个项目学习之中，课程设置堪称精细、丰富、多元。九、十年级的学生课表还相差无几，但从 11 年级开始，学生就要选择一门 STEM 课程作为自己的主修项了，从此学生的课表开始变得越来越"个性化"。学校的数学和科学课程安排总体上是分科的，而技术和工程则是整合的，而且人文学科和社会学科在整个课程体系中也是不可或缺的：

- 九至十二年级所要求的科学；
- 九至十二年级所要求的数学；
- 九至十二年级所要求和整合的（required and integrated）工程；
- 九至十二年级所要求和整合的技术；
- 九至十二年级所要求和整合的人文学科；
- 九至十二年级所要求和整合的社会学科；
- 艺术被要求和整合进 STEM 项目学习与设计中；
- 西班牙语要达到水平 3，并强烈建议达到水平 4 以及完成进阶先修课程。

（二）整合的 STEM 课程及其他

在进而讨论 STEM 课程的整合（integrated）特征时，其实有诸多的相关术语，如"联系"（connected）、"统一"（unified）、"学科间"（interdisciplinary）、"多学科"（multidisciplinary）、"交叉学科"（cross-disciplinary）或"跨学科"（transdisciplinary）等。但在教育实践和教育研究中，这些术语或概念并未得到仔细的区分，或者说很难得到非常明确的区分，尽管也有学者认为"跨学科"一词指的是两个及两个以上学科结合的同时又保留了每个学科的独特性和区别，而"整合"指的是将两种或多种理念结合在一起。

STEM 教育之所以倡导课程整合或跨学科，是因为在现实世界的许多工作或研究场所已经由专注于单学科的专业实践转变为强调多学科的合作，如生物医学工程。许多真实世界的情境和问题很典型地包含了多个学科的知识，例如设计可替代能源系统——太阳能或风能，理解如何维持清洁水供应或维持脆弱的生态系统，都将从跨学科的 STEM 中获得知识和实践经验。在许多研究领域，跨学科方法的必要性都在增加，如生命科学领域就认识到现代生物学中大多数重要和有趣的问题不仅需要生物学各分支学科的交互作用，也需要生物学、化学、物理、计算机科学、数学和工程专家之间的密切合作。这正如《21 世纪的新生物学》（A New Biology for the 21st Century）所指出的：物质科学、计算机科学、生物学、工程、科学教育以及数学之间的整合被看作更深入理解生物学系统的基础。"新生物学家不是指知道所有学科之皮毛的科学家，而是指深入了解一门学科之知识并基本'熟练于'若干学科的科学家。"为解决人类和地球所面临的关键问题，地学、行为科学和社会科学间的相互联系也变得更加密切，日益普遍的情况是：科学家应用技术工具进行实验，用数学和统计学诠释实验所产生的数据；工程师利用科学知识和数学推理对潜在的设计方案和解决方法进行建模；技术专家要建造和维护工程师所设计的产品和系统，就必须理解规范其运作的科学和数学原理。而在日常事务中，公民也会遇到需要他们应用 STEM 相关知识和技能作出决定的场景，如如何选择合适的医疗护理，如何诠释最新政治选举的投票数据，如何购买节能家电，等等。

倡导在中小学 STEM 教育中应用整合方式或跨学科方式进行教学，有利于促进学生的学习和激发其动机，尤其主张在真实世界问题的情境下教授 STEM。整合或跨学科"意味着教育工作者在 STEM 教育中，不再将重点放在某个特定学科或者过于关注学科界限，而是将重心放在特定问题上，强调利用科学、技术、工程或数学等学科相互关联的知识解决问题，实现跨越学科界限，从多学科知识综合应用的角度提高学生解决实际问题的能力的教育目标"。

其实在美国，STEM 课程整合的努力并不是全新的。在 20 多年前基于标准的教育运动发起时，人们就已认识到超越数学和科学的学科整合的价值。例如，美国科学促进协会（American Association for the Advancement of Science，A A A S）在其 1993 年的《科学素养的基准》（Benchmarks for Science Literacy）中就将科学（science）定义为"基础的和可应用的自然和社会科学，基础的和可应用的数学、工程和技术以及它们之间的相互关系（inter→connections），也就是说科学事业是一个整体"。国际技术和工程教育家协会（International Technology and Engineering Educators Association，ITEEA）在其 2000 年的《技术素养标准》（Standards for Technological Literacy）中用大量篇幅清晰阐述了与工程设计相关的学习目标，强调学生应该理解技术与科学、工程和数学之间的联系。2014—2013 年最新的《下一代科学标准》更是第一次将工程技术单独列出并加入科学教育的新框架中，明确提出了科学的跨学科性，要求在数学、科学和工程之间建立更深的联系，鼓励在科学的分支学科之间建立联系，如生物学和物理学如何理解能量。

甚为有意思的是，这种 STEM 的跨学科性还体现在《STEM 教师教育杂志》（Journal of STEM Teacher Education）的办刊宗旨上。杂志主编威莱姆·亨特（William

J. F. Hunter）在其《欢迎回到〈STEM 教师教育杂志〉》"一文中表明"被本杂志接收并予以发表的所有文稿必须涉及至少两个 STEM 学科的整合"，并认为作为一个社会我们面临着一些具有特定特征的问题：

• 我们今天和未来世界所面临的问题及其解决办法从根本上讲是跨学科的；

• 这些问题将通过合作得到解决——地方之间、区域之间、国家之间的合作乃至国际合作；

• 这些问题将由科学家、技术家、工程师和数学家组成的团队予以解决，他们以合作和创新的方式进行工作以提高世界各地人民的生活质量；

• 下一代 STEM 专业人员的工作必须以这样的方式进行，即让他们能够与来自不同领域的其他专业人员以合作的方式进行工作。

"现在是整合 STEM 教育的时候了。"《同行评论》杂志的一篇论文如此说。

1. 项目学习

在美国的公立学校里，以项目为基础的学习（Project based learning，简称项目学习）有着较为悠久的历史传统，可以追溯到弗兰西斯·帕克（Francis W. Parker）和约翰·杜威（John Dewey）那个年代。作为一种教育方法，以项目为基础的课堂教学理念是从农业和工艺中借鉴来的，起初在小学课堂使用，后来则被延伸到所有年级的课堂教学中。以杜威为代表的进步主义教育思潮倡导体验式、动手型的以学生为中心的学习。学生积极地参与"动手做"的学习过程，而不是仅仅在接收信息。

以下援引两段早期关于项目学习的引文，分别由帕克于 1922 年以及霍西和蔡斯于 1924 年在他们的论文中提出，旨在让我们从历史的角度来加深对项目学习的认识。

项目教学的核心要素是学生就某项实践活动或某一件要做的事情预先计划。因此，项目学习是让学生负责计划活动的任何单元。这种活动给学生实践机会来设计各种方法，学生也要实践如何去选择或抛弃某些方法，以取得既定的实践结果。这个理念与字典中对"项目"的定义正好吻合，字典对"项目"的定义是"把实践性的东西拿出来，然后考虑如何落实具体的活动"。还有，它也非常精确地描述了具体类型的教学，自 1900 年以来，这种教学方式在进步主义实验学校里已经很普遍。

项目方法意味着要为学生提供机会，让学生专注于生活，投入那些让人感觉到满足而值得从事的活动中。"值得从事"在这里指的是对学生来说值得从事。开展这类活动意味着教师要引导并协助学生参与这些活动，目的是让学生能够充分收获到一切可能的益处。

项目学习可以被界定为"课堂活动的模式，它脱离了以教师为中心的短暂课堂教学实践，取而代之地强调以学生为中心的跨学科长期学习活动，融合了现实世界的问题和实践"。除此之外，项目学习也被描述为"对恰当项目的识别并将其融入教学大纲单元"。

《对项目学习之研究的评论》一文用五个词概括了项目学习的标准，即"中心"、"驱动式问题"、"建构主义调查"、"自主"、"现实主义"。略微展开即是：

• 项目学习计划（PBL projects）是课程的中心，而不是外围；

• 项目学习计划聚焦于"驱动学生"去面对学科的中心概念和原理提出问题（questions or problems）；

• 项目学习计划促使学生以建构主义调查方式开展学习；

• 项目学习计划在某种重要的程度上是由学生驱动的，更多的是学生自主；

• 项目学习计划是真实的、现实的，而非做做样子的。

STEM 教育尤其适合使用项目学习，因为在科学、技术、工程和数学之间本来就有很自然的交叠。在现实世界中，解决社会和环境问题不是在孤立的领域开展，而是在 STEM 领域的交界处进行。在 STEM 的项目学习中，学生要经常聚焦于现实世界中的真实问题，因此 STEM 项目学习就与 STEM 领域里的合作具有很大的相关性。有研究表明，将数学和科学融为一体进行教学有助于带来学习成绩的提高，使学生对所学科目更感兴趣，并增强学习动力。当不同学科得到整合时，学生会获得概念性的知识，同时参与到社会性的互动学习过程中，因为设计好的项目学习本身就是跨学科的，而且其本质又是合作性的。学生在 STEM 项目学习中需要就一些与现实世界相关的问题以小组的形式展开合作学习。

因为实施项目学习，也就有了"项目教学"一说。致力于开展项目教学，意味着教师必须有机会和他人合作。因此，开展项目教学的学校应该重视为教师提供机会，使他们有共同的时间来集体备课、评课和反思。

2. 设　计

"设计"一词经常会被用在艺术、时尚相关的领域，比如插花设计、园林设计、服装设计等。当 STEM 教育包含工程（E）且关注课程整合和项目学习时，设计（design）就成为 STEM 教育中的显著特征，而这也成为人们今日在 STEM 中加入艺术（arts）而扩展成 STEAM 的重要因素之一。当然，在工程及工程教育的情境中，设计有着特定的含义。美国国家工程院（NAE）和国家研究委员会（NRC）将工程设计定义为"工程师赖以解决问题的方式——通常是为达到某一特定目的寻找制造设备或工艺的最佳方式"。纽约州在其 STEM 教育标准中提出："工程设计是一个反复建模和最优化的过程，在既定条件下发现最优的解决方案。"

设计不同于其他的简单活动，它是工程赖以解决问题的方式，是一系列策略连续运用的集合，它具有重复性、开放性、情境性、可模拟性等特点。因此，设计过程在本质上是解决问题策略的过程，这也使得设计在教学中成为一种有用的策略。设计知识既是设计的教学内容，又是教学目标。具体而言，设计知识是指设计过程中人们解决问题的方法的知识，包括分析、建模、最优化、关系平衡、限制条件、系统等。与科学知识不同，设计知识是对现有知识和技能的"使用"，如果按照科学知识的评价标准，设计工作的成果没有"科学价值"，但对于工程活动来说，设计知识至关重要。正是一些卓越的设计工作，才使得人类文明的历史多姿多彩，使得人类文明的车轮得以不断前行。

设计在大部分中小学课程和项目学习中占主导地位，这是因为设计作为一种教学方式至少有以下的优势：①它能够向师生提供一种新的角度，让学生尝试用批判性的思维方式来审视自然世界和设计世界的不同；②工程设计能为学生提供一个真实的情境，便于学生理解抽象概念，同时提升他们对于技术及其社会作用的理解；③设计之所以被作为工程师最重要的工作方法，在于其复杂性和难以把握性，它发生在复杂的具体情境中，受到大量外部因素和人为因素的影响。因此，设计不是一个线性的按部就班的过程。它是一个散乱而非线性的过程，在进行工程/项目设计时，不能采用简单的因果关系思维方式，设计也不是"一锤子买卖"，因为随着情境的变化，失败可能时有发生。这也就是设计的魅力所在。在反复的设计和测试过程中，学生反思之前的失败想法，并改善自己的做法，其中通过反思不断调整自己的学习和实践方式。在课堂上，对某个解决方案进行测试不应该是设计的重点，在课程安排允许的情况下，学生应该获得尽可能多的机会去改进自己的方案。而这种改进机会可以通过设计的循环重复来实现。

美国南卡罗来纳大学创造了一种名为"培养有效批判性思维的环境"的 EFFECT 工程设计教学框架，以帮助工程类学生在处理实际工程问题时发展他们的批判性思维能力。这一教学框架同样体现出设计的循环和重复的特点。活动开始之初，要求学生提供初始解决方案，了解学生目前已有知识的程度。设计教学的步骤分为：①确认问题；②确认标准和约束条件；③头脑风暴产生可能的解决方案；④形成想法；⑤探讨可能性；⑥选择一种方法；⑦建立模型或原型；⑧完善设计等。所有复杂的问题都没有明显确定的正确答案，学生应该用尽可能多的方式进行头脑风暴，寻求问题的解决方法。在大量可能的解决方案面前，学生应该充分探讨各种方案的可行性，并权衡利弊选择一种方案。方案一经确定，就应该通过建立模型来测试并分析，最终通过完善设计实现整个设计过程。

强调设计的反复修正意味着教师可以为学生提供足够的课堂时间，使其实现工程设计过程。其一，因为研究表明，重要的概念学习必须以足够的设计活动时间为保证，核心的工程概念和技能无法通过单一课堂取得，思维习惯更需要长期的培养，因此必须给予学生足够的时间以使其充分投入工程设计与再设计的过程中。研究也显示设计活动适合于介绍核心概念和技能的情境，因为设计能引起学生的兴趣并持续启发复杂的理解过程。其二，设计过程中必然会反复接触到有目的的建模过程，这能帮助学生理解更为复杂及核心的概念和技能。通过建模过程，设计过程得以形象化地呈现，帮助学生回答特定的问题，在反复修正的过程中，问题得以聚焦，这也使学生能以更好的方式来理解概念并使其建构操作性定义。目前，K12教育中的工程设计通常只给予一次机会，这显然不利于学生的概念建构，也不利于需要后期调查的设计教学。其三，从易到难的教学指导顺序。由于知识是由学生主体自己构建的，简单的知识易于建构，且其能为复杂知识的建构提供基础。这对工程的概念学习和技能学习都有意义。

3. 问题解决

"STEM教育是关于实际问题解决的教育。"无论是项目学习还是学科整合抑或工程设计，最终都是要解决实际问题。而要解决实际问题，也就引出STEM教育的又一特点，即真实情境。真实情境往往是典型的问题情境。它以问题为核心，问题是情境创设的关键。因为"所谓情境，是指问题的物理的和概念的结构，以及与问题相关的活动目的和社会环境"。的确，学习情境的核心是与知识相对应的问题，而问题也往往与相对应的情境相连。一般来说，所谓问题通常意味着未知和不确定的状态，它可以存在于任何情境中，并且有两个关键属性：首先，问题是指现存状态和目标状态之间的差距；其次，问题的解决将至少在某段时间对某些人群具有一定的价值或意义。因此，这也给教育情境中设计问题时提供了三种思路：①教育情境的设计应当注意问题的难度，即现存状态与目标状态之间的距离，既不能太大，又不能太小。差距太大，容易使学生产生挫败感，差距太小则会使学生感觉太容易，无法取得成就感，都不利于吸引学生对于问题的长期关注。②设计问题应该是有意义的，或是与学生的真实生活密切相关的，只有这样才能让学生调动更多的注意力，并进行持续的思考，这是学习者在素养生成中发挥主体作用的关键。③设计的问题应该具有一定的复杂性，没有现成的解决方法可供参考，驱使问题情境中的学习者运用一系列的工程设计策略，比如问题的确认、方案的获得、模型的建立、交流与展示等，使学习者能够像工程师一样思考，锻炼自身的思维能力，获得工程素养。

问题的设定可以参考基于问题的学习（Problem-based learning，简称问题学习）教学模型。它提供了从真实情境出发进行教学组织的一种教学策略，强调把学习设置到有意义的问题情境中，让学习者组成团队来解决实际问题。问题学习模型主要包括六个环节：①引入情境；②提出问题挑战；③学生通过合作学习的方式生成想法；④为学生提供对话专家的机会；⑤在学生自主学习的过程中教师给予修正性的指导；⑥给予学生新的挑战并展示自己的观点。

情境的复杂性和实践性往往会造成情境的不可再现性，因此在特定情境中获得的知识、能力或素养有可能无法适用于其他情境。但事实并非如此，知识、能力或素养可以进行迁移，具体是指在某种情境中获得的知识、能力或素养可以运用到新的情境中去，这也是学校教育的重要任务之一。为了使学生能够灵活地应对新的问题情境，学习情境创设应该具有典型意义；应该寻找相类似的情境反复实践促进知识、能力或素养在情境间的迁移。人们发现 STEM 教育的内容与学生的日常生活密切相关，尤其是工程情境也可以起到连接课程知识与现实的作用。美国国家科学院院长艾伯特认为：对于 K12 阶段的学生而言，积极地参与科学实践比起死记硬背科学定理更加重要。"《下一代科学标准》将焦点对准工程和技术等实践领域，有意识地将学生置于问题解决的真实情境之中，引导他们通过持续的动手操作，增进对科学概念的深层理解，是把准了 21 世纪科学课堂的脉搏。""当我们和外界连通时，数字化资源和前沿动态就会顺势涌入；当给学生设置的问题就存在于现实生活中时，抽象的科学知识就具备了丰沛的实际意义。这就是为什么 STEM 课程既要上联数字技术又要下达真实情境的原因所在。"美国 STEM 名校托马斯·杰弗逊科技高中校长伊万·格雷深有感触地如是说。

第二节　STEM 课程的教学模式

STEM 在加强大学数学、科学的入学准备，激发学生学习 STEM 的兴趣，鼓励学生主修 STEM 专业，培养 21 世纪接班人等方面起着越来越重要的作用。和谐公立学校（HPS）提出的基于项目的 STEM 学习模式采用基础训练理论和常量比较分析法对采访记录进行分析。分析结果显示：一种称为"STEM 学生登台秀（SOS）"的新颖 STEM 模式应运而生。研究结果表明，STEM SOS 模式能增进学生对 STEM 科目概念的理解，激发学生学习 STEM 的兴趣，帮助学生追求更高的教育，培养更强的自信心，提高学生技术、交流、生活/职业和合作的技能。研究还探讨了 STEM 教育环境及其对培养学生从事 STEM 职业兴趣的影响。

一、SOS 模式概述

近几年来，由于 STEM 在全球竞争力中所处的重要地位，发展 STEM 教育逐渐成为各国的当务之急。许多报告都强调基础教育阶段的 STEM 教育体系和通过培养下一代的科学家、领导者、发明家加强本国经济领导地位两者之间的联系。STEM 行业比其他行业享有更高的薪水和更广阔的就业机会。最近的一份报告也显示了企业对 STEM 员工的需求。美国劳工部公布，到 2018 年，社会需要的 STEM 员工将超过 120 万。而目前的数据显示，无论就数量还是质量而言，人才都供不应求。因此，STEM 教育的重要性体现在不仅能有效传授 STEM 知识，还能激发学生对 STEM 的兴趣。

基础教育体系已经开始使用不同的方法进行 STEM 教育，以满足未来对 STEM 员工的需求。一些跨学科 STEM 教育的研究性方法包括设计导向科学，创新数学教学，基于设计的学习，数学、科学和技术综合教学，这些方法都涉及探究式学习。在探究式学习过程中，学生利用现有知识合作学习并完成一个项目后展示他们的研究成果。每一种方法有四五个步骤。在每一个步骤中，学生要完成一个特定的进展性目标。PBL 策略也被认为是一种有效的 STEM 教育项目。由于这些模式将小组合作学习、研究调查、理论和可行性产出的评价整合在一起，所以在现实中已经开始实施。哈伍德等人发现，这些教学方法能提高学生的参与度，激励学生，使学生认识到理论知识与社会实践的联系。之后还将研究一个整合了多种有效学习策略的模式，这些有效学习策略包括基于项目的学习（PBL）和探究性学习。

美国的公共教育长期以来一直存在一些问题，包括高中阶段缺失对大学数学、科学的入门教育，国际测试排名落后，高等教育中 STEM 专业短缺，以及 21 世纪劳动力培训匮乏，等等。为了解决这些问题，综合的 STEM 教育和基于项目的学习已经开始使用。研究显示，完成和现实问题有关的合作项目以及针对现实问题提出可行性方案能激发学生学习 STEM 的兴趣。而这些方法正是建立在这项研究的基础上发展起来的。借助美国教育部的拨款，和谐公立学校已经开发了自己的 STEM 课程，它们将基于项目的学习法和探究式学习法结合起来，并命名为"STEM 学生登台秀（SOS）"。美国教育部提供资助的目的，不仅为了丰富学生的 STEM 知识、提高他们的学习兴趣，还为了培养学生自主和自立的能力。

根据和谐公立学校 STEM 项目手册，STEM SOS 模式的目标是"在 PBL 项目扩展学生知识面的过程中，持续关注以学生为中心的规范教学方法"。它不仅要提高协作能力和学习自主性，更要激励学生取得在州级标准与国家标准上的成功。课程规定，所有学生必须在完成 I 级项目后，才能进入 II 级常规项目或者更进一步的 III 级高级项目。

I 级项目：

每个学期，学生要完成各核心科目的两项 I 级的项目。根据课程场地和每周上课频率，以 3 人或 4 人的小组为单位，在课内实施项目。每学年开始，学生都会领到培训和解决项目所需要的文档资料。为了确保项目顺利完成，教师及时进行指导并提出反馈意见。最终产品包括一个数字化展示项目的报告。核心科目的教师对每一项目都实施不同的评估标准。

II 级项目：

除了 I 级的项目，学生还要完成一个以数学或者科学为主的跨学科 STEM SOS 项目。社会研究和 EXA 也会包含在这些项目中。在学年一开始，老师会布置 25—30 个数学和科学项目，都是年度项目。II 级项目提供学生讲义和老师指南。为了确保项目顺利完成，教师及时提出指导意见和反馈，提供文档资料，包括课程的评估标准，一旦学生完成了项目，学生要通过视频或网站的形式将他们的成果和产品展示出来

III 级项目：

III 级项目是为那些喜欢创造，想要进行自己的研究、开发自己的产品的学生而设立的。这些项目都是跨学科项目，每一步都需要技术整合以最终完成项目。大多数 III 级项目是可选的，学生可以从预先提供的列表中选择自己想要研究的项目。此外，学生还可以研究自己提出的项目。项目的内容十分严谨，学生在完成 III 级项目后能获得额外的学分。项目在给定的时间范围内完成，使用给定的材料，采用推进式提问法一步步进行。项目的预期目标和指导方针由老师和学生协商决定。学生 II 级项目和 III 级项目取得的成果会在学校范围内的 STEM 节日、科学展览、STEM 展览和其他与 STEM 有关的竞赛中展出。

二、SOS 模式的教学方法

（一）背　景

SOS 模式的背景是和谐公立学校——一个遍布得克萨斯州所有大城市的提供优质基础教育的公立特许学校网络。该学校网络致力于向传统低服务水平的学生提供 STEM 教育。和谐公立学校服务过 24 000 多名背景不同的学生，他们中有 56％享受免费午餐或降价午餐，80％多的学生不是白人。

（二）参与者

该样本采集于休斯敦地区的一所和谐公立学校。11 名学生参与了这项研究，5 名高中学生，5 名初中学生和 1 名大学二年级学生组成。所有学生都选修了以下课程中心的一门：预 AP 物理、化学、AP 物理。课程分别由三名不同的教师进行教学。

（三）过　程

研究问题包括两部分：在 SOS 模式中，STEM 的学习过程是怎么样的？最终学生从中收获到什么？我们使用基础训练理论方法来研究这些问题，并形成独立的理论。基础训练理论方法是一套灵活的分析程序，叫来激励研究人员尽可能靠近他们研究的世界。除了综合并阐述过程之间的关系，开发一套综合理论体系这一需求也让我们考虑基础训练理论方法。我们将自己置身于研究世界中，将我们的研究兴趣置于解码 STEM SOS 模式上，并由此揭示学生经由该模式的成长过程。

在 2012—2013 学年中的 5 月份，我们从一所实施 STEM SOS 模式的和谐公立学校抽取了样本。到了 2013—2014 学年，这一模式在所有和谐公立学校中正式推出。参加采样的学生都是自愿的，且签署了知情同意书。两个学期之后，我们通过一个迭代过程，利用理论抽样研究中数据收集和分析的整合方法确定了最终样本，15 人中取 11 人的样本已达到理论饱，4 人从采样数据中删除，因为他们的参与并不增加理论的饱和性本研究。在现有理论基础上，采用理论抽样的方法提高及改善理论饱和度，而不仅仅弥补数据上的缺口。

（四）结　果

调查结果揭示了两个核心内容，包括 STEM SOS 模式（图 7-1）和对学生成长的影响。

对于学生而言，STEM SOS 模式由两个关键部分组成：（1）教师主导的教学或教

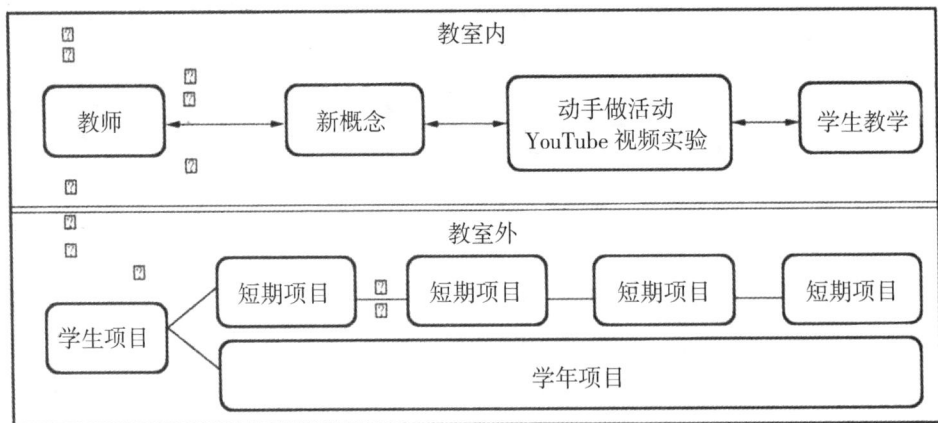

图 7-1　学生视角中的 SOS 模式

师讲课；（2）学生项目。其中，学生的反应表明教师讲课有三个重要的组成部分：（1.a）讲课或者理论教学部分；（1.b）动手活动部分；（1.c）学生讲课部分。此外，采样结果还揭示学生在两大基础领域有所收获：（2.a）学业和（2.b）21世纪的技能。这两大收获都是新塑教学方式 STEM SOS 的产物。学生的学业收获分为三类，分别为（2.a.a）对 STEM 的兴趣、（2.a.b）知识和（2.a.c）对更高教育研究的兴趣。21世纪技能的收获分为五类，分别为（2.b.a）自信，（2.b.b）运用科技的能力，（2.b.c）生活和职场技能，（2.b.d）沟通能力和（2.b.e）合作能力。

三、STEM 教育模式总结

STEM SOS 是一个全新的旨在提高基础教育阶段 STEM 教学质量的模式。学生的采访表明，基础训练理论中，STEM SOS 教学方法的核心在于动手实践活动。动手实践活动包括在章节项目和学年项目中制作 You Tube 视频、做实验、学生教学等环节。这些活动在 STEM SOS 模式中的有效开展产生了两大基本效益——学术效益和21世纪技能，同时也促进了两大效益的子循环。也就是说，STEM SOS 模式增进了学生对于知识/概念的理解；提高了学生学习 STEM 的兴趣，激发了对高等教育的研究兴趣，培养了学生自信，运用技术的能力，加强了生活和职业技能，提升了沟通能力和合作能力。这些能力相辅相成，不断得以发展。

为了说明整个 STEM SOS 模式基础训练理论发展的过程，教师起始以传统方式讲解新的知识内容。教师是否能使用有效的教学方法，如 PBL 准备标准化测试，这个问题在教师中引发了一场讨论。一般来说，统考是衡量学校成功与否的首要因素。使用

STEM SOS 模式的教师能够通过设计活跃的课堂来克服这个问题。研究表明，传统课堂存在一个问题：在开课 15 分钟以后大多数学生开始思想涣散。然而，STEM SOS 模式通过让学生参与 You Tube 视频制作、学生教学、动手实践有效地解决了这一问题。就这一点，学生说："除了第一堂课，老师讲的都不多，这一点很好。在第一堂课，他介绍了他对于课程的想法，他介绍了各个章节以及课程涉及的学科领域。然后我们观看视频，进行展示，我们当小老师授课。"的确，大量文献表明，当学生是课程的中心并且他们为自己的学习负责的时候，他们能学得最好。这也是 PBL 学习法的两大核心要素。它能帮助学生将课本概念与真实生活中的运用联系起来，而不是死记硬背。又一学生说："他教学的方法很好，因为他告诉你万事万物是如何联系在一起的，一个法则和另一个法则是如何联系在一起的，而不是要求你记住它们。"这与情境认知的研究发现是一致的。情境认知的研究表明，如果课堂所用的内容能尽可能贴近现实生活的话，学生的学习将会有很大的提高。

短期项目和学年项目是 STEM SOS 模式的核心。学生将项目完成视为优待，所以他们发展其项目所有权，并为自己的学习负责。在课堂上完成动手实践和实验让学生更加敬佩他们的科学教师。如果学生为他们的项目额外做了一些事情，他们还将获得额外的学分，因此他们尽可能地去接触新奇事物，这也是一个学习的过程。此外，项目的完成需要个人能力、人际交往能力和运用科技的能力。研究表明，在高中生没有为大学课程做好充足的准备，大学生由于缺乏必要技能不能满足社会需要的情况下，培养个人能力、人际交往能力以及运用科技的能力变得愈发重要。在和谐公立学校，老师要求学生做一个视频展示。学生需要拍摄实验过程中的每一步骤和实验所需的材料，记录实验过程中重要的花絮，按顺序将它们整理成一个视频。他们还需要在视频中插入图表，图表显示的是在特定时刻（如碰撞，汽车碰撞）测量数据的变化。虽然教师没有明确要求，但有时候学生不得不协作完成某些项目。此外，他们要为实验制作一个网站，并将视频展示上传到和谐公立学校的 You Tube 首页。学生们不仅要在课内展示他们的成果，还要向学校 STEM 节、ISWEEEP 竞赛和 STEM 博览会的观众展示成果。因此，学生的自信水平、运用技术的能力、生活职业技能、沟通能力和合作能力无疑得到了锻炼。这些能力都是 21 世纪学生所必须具备的。当他们收到其他参与者和观众的好评后，他们会变得更积极主动，更有自信，他们会成为更优秀的发言人，他们会成为所展示内容方面的专家。于是，他们对科学的态度也变得积极。正如班杜拉的社会学习理论所说那样：他们对 STEM 的兴趣可能会有所提高。研究结果表明，学生对 STEM 教育的态度是提高学生对 STEM 学科兴趣的关键因素。研究结果与社会学习理论一致。我们还意识到，高中初期应该主要培养学生对 STEM 的兴趣，学生能通过动手实践感受知识与日常生活的联系，因此，短期项目和学年项目是 STEM SOS 模式的关键所在。

在 STEM SOS 模式中，教师扮演着一个极其重要的角色：教师不仅要讲解课本知识，让课堂生动活泼起来，还要在项目完成过程中为学生提供指导和反馈。在短期项目和学年项目的实施过程中，良好的教学方法能增进学生对知识的理解，改善学生对科学的态度。这能帮助解释为什么许多选择 STEM 专业的学生，尤其是女学生，反映说他们是受到科学老师的鼓励和影响（才选了这个专业）。

这些要素（制作 You Tube 视频、学生主导的短期项目和学年项目、动手实践活动）是 STEM SOS 模式的重要组成部分，也是在其他学科成功实施 STEM SOS 模式的基础。

第三节　STEM 课程的教学评估

本章介绍了多层次的和谐公立学校评估模式，测评学生在完成 STEM SOS 项目中的成长和进步。这里提供和谐公立学校 STEM SOS 模式项目的总体概览，以便能够理解评估框架的不同构成要素与学生的产品和学习结果之间的关系。

一、引　言

目前高中科学、数学和技术的课程设置反映出我们越来越重视更深、更严格的内容和更高阶的认知过程。许多教师很难做到既在既定的课程设置下教学，又能同时在课堂上满足不同学习者的需求。学生成绩依赖于书面课程、实际教授的课程和接受测试的课程之间的一致性。

尽管有多重评估及评价工具可供教师用于监测学生在这些领域的进步，但是想要确定评估工具是否真正能评价学生在内容和过程方面的进步，评价是否和课程相一致，是否和每个阶段的学习相一致，评价工作还有一定困难的。根据德默斯的理论，在科学领域有必要评估学生是否以一种有意义的、动手的方式展现对科学过程的理解能力。他讨论了基于表现的评估工具，比如能够评价学生对内容的理解度和对科学过程的掌握度的任务问题和评分标准。麦克米伦和罗森的一项针对高中教师的评估实践研究发现，在一系列广泛的实践中，能力较强学生的老师主要使用基于表现和高阶认知过程来进行评估，反过来，能力较差学生的老师强调知识的回忆和作业，不太重视学术成就和高阶思维。

和谐公立学校的 STEM 项目评估模式是一个进展中的工作，但是将评估与每门课的课程和教学相统一的尝试是经过深思熟虑的学习中的成长和改进程度已经包含在评价的体系结构中了。学生拥有学习和自我评价的自主权的转变是该校评估模式的另一个显著特征。

二、和谐公立学校 STEM SOS 的基础

和谐公立学校的 STEM 项目的基础是巴克教育研究所提出的有意义的项目经历的八项要领标准。这些要领内含于项目的所有阶段（包括评估阶段）。要领总结如下：

概要内容：项目的重点是源于标准的重要知识和概念，目标是理解课程中必不可少的内容。进一步说，学生应当发现课程内容对于他们的生活和利益具有重大意义。设计良好的 PBL 是一种比采用讲座或教科书等传统方法更可能深入了解课程内容的有效工具。

求知的渴望：教师通过推出一个项目来激发学生求知的渴望，而这个项目包含一个"起始事件"，能够吸引学生的兴趣并引发提问。在和谐公立学校，这一起始事件也许会在课程范围内发生。项目经验增添了意义和求知的渴望。有了一个扣人心弦的项目，学习相关材料的理由对于学生来说就变得更加个人化和有目的性

驱动性的问题：学生找到一个驱动性的问题，围绕该问题集中精力。好的驱动性问题以清晰、令人信服的语言捕捉到项目的核心，并让学生明白为何他们正在开展一个项目以及其他从个人挑战接踵而至的一系列活动。在和谐公立学校，教师基于学生的能力指导学生设计问题，因此这些问题可以说都是私人定制的。

学生的选择和愿望：学生的选择和愿望使项目对他们来说变得有意义。给予学生的话语权和选择越多，学习的自主性越强。在和谐公立学校，教师根据学生的选择来设计项目以适合学生。

21 世纪技能：合作是项目学习经验的中心。每组学生三四人一起合作规划和实施项目相关的任务。每个小组定期花时间来回顾进度，项目为学生提供了培养 21 世纪技能的机会，这些技能包括合作、沟通、批判性思维和技术的使用，这些都将使他们的工作和生活受益良多。

探究和创新：真正的探究活动中，学生会循着一条路径，从自己提出问题出发，搜寻资源和发现答案，最后产生新的问题，检测想法和得出结论。当学生实施这种真正的探究时，项目工作对于他们来说变得更有意义。真正的探究带来创新——针对驱动性问题的新答案，针对问题的新产品和新解决方案。

反馈和修正：当学生发展自己的想法和作品时，学生团队根据评分标准和范例来评价批判彼此的工作。在此过程中建构起监测和反馈的辅导，使所有学生团队在项目的整个过程中都能从老师那里获得指导。通过辅导，学生了解到第一次的尝试通常不会产生高质量的作品，现实世界的常见特征是不断地修改。教师安排专家或成人导师来为学生提供反馈，这对于学生来说十分难得，尤为有意义。

公开展示产品：在和谐公立学校，学生团队有充分的机会向观众展示他们的发现和解决方案，而观众包括同龄人、父母、社区代表和政府组织代表以及来自不同行业的专业人士。学生们回答观众的问题并反思他们是如何完成项目的，下一步可能会做些什么，获得了哪些知识、技能，如何增强了自豪感。当学生向现实的观众展示他们的工作时，他们就通过项目与现实生活发生了联系。

在2013—2014学年推出的基于项目的学习倡议，直接满足了学生日益增长的掌握21世纪技能的需求。和谐公立学校的做法是在保持对基于标准的和以学生为中心的学习的关注的同时，丰富和扩展通过STEM项目进行的学习。目标是不仅促进学生的协作能力和学习的自主权，也提高学生以国家课程标准评价的成绩，促进学生成功。

为了实现这些富有挑战的目标，促进各个层面学生的成功，和谐公立学校的项目为学生定制和个性化了他们的STEM体验，同时项目的设计和框架结合了来自成功的项目的研究。技术融入了每个阶段，使得学生可以在成功完成项目的同时习得终生的技能。

该项目的设计结合了几个层次。第一层次以课程为基础，所有学生都要在课程内完成他们的Ⅰ级项目。Ⅰ级项目允许学生学习必要的技能以圆满完成个人项目，同时提供学生在向自主学习方面发展时可能需要的支援。Ⅱ级和Ⅲ级项目提供学生自主选择兴趣和探究的机会。

三、和谐公立学校 STEM SOS 的评估

因为初中和高中阶段的STEM项目被设计为多层次的，因此相应的评估模式也遵循类似的结构。

　　Ⅰ级项目以核心科目为背景，并由相应的教师作为评分周期（grading cycle）的一部分予以评价。Ⅰ级项目包含了评分周期内的真实评价和备用评价，这些评价测评了远远超过单纯知识内容的复杂技能。项目为形成科学过程、技术和科学探究技能的评价提供了多种机会。

　　学生需要通过 Google Drive 以 Google documents 的形式递交Ⅰ级项目调查报告。调查报告的模板可以从项目网站上下载。Ⅰ级项目中，学生需要习得必要的内容和过程以成功进行长期个人项目。其结果是，评估的重点是能够展示学生在内容和探究过程中有所成长的调查报告。学生和家长都可以查看适用于Ⅰ级项目的评分标准；学生在提交报告之前使用评分标准进行自评或者评价他人的项目。一份用来评价化学Ⅰ级调查项目的评分标准样本如下：

表 7-1　调查报告的评分标准样本

组成成分	优秀＝4 分，好＝3 分，良＝2 分中＝1 分，差＝0 分	4 分	3 分	2 分	1 分	0 分	总分
1. 标题、目的和问题	•标题与目的相关，有代表性•目的表述清晰•包含需要调查的问题•变量表述清晰						
2. 实验设计/计划	•计划建立在翔实推理的基础上•每一步都得到有逻辑的陈述•必要时提供图表•包含 MSDS 和安全条例基础上的安全预警措施						
3. 材料、步骤和安全	•列出所需材料和实验设备•描述每个计划中改变或增加的步骤•改变步骤的理由•描述每个计划中改变或增加的安全措施						
4. 数据/观察	•用带标签和单位的表格形式呈现数据•测量直观的显著性检验值•清晰写下定性的观察•必要时提供图表						
5. 计算	•可以看到每一步的工作•在计算中使用显著性检验•最后的结果单位正确且有显著性检验值•有百分比误差						

续表

组成成分	优秀＝4分，好＝3分，良＝2分中＝1分，差＝0分	4分	3分	2分	1分	0分	总分
6. 分析和结论	• 清晰探讨调查结果 • 用实际数据支持讨论 • 在观察数据基础上进行推断 • 用科学推理分析误差						
7. 应用和扩展	• 探讨对个人经验的影响（我学到了什么？）• 找到与现实生活的关系（我在现实生活中哪里接触过这个概念？）• 学习概念的应用（在哪里可以用到这个？）• 描述概念的扩展（已知这个，下一步是什么？）						
8. 实验室协议	• 按照要求提交报告 • 准时 • 遵循指导和安全条例 • 试验台清洁整齐						
9. 报告格式	• 无拼写、标点和语法错误 • 报告按照说明撰写/打印清晰 • 包含细节和说明 • 富有条理						
10. 合作和贡献	• 所有成员平等参与设计 • 所有成员参与调查 • 所有成员参与讨论 • 口头表达清晰，演示良好						
调查总分（最多40分）							

除了调查报告，学生还要制作一个数字展示。学生可以自己选择数字展示的类型包括以下几种：照片讲故事、照片库、视频演示、电影演示。学生也能找到开发和上传电子产品的培训视频，从中培养数字技能。数字产品为学生习得和培养技术技能提供了丰富的机会。由于Ⅰ级项目中学生的技能非常多元化，所以对数字部分采取的是非正式的形成性评价。同时学生在习得和掌握技术技能时得到必要的监督和指导。

评分周期中项目的权重是由每个教师决定的。学生和家长在项目开始之前被告知该项目的权重。权重可因课程和评分周期的不同而有所不同。比如，化学Ⅰ级项目可作为一季度的实验成绩，而几何Ⅰ级项目可作为一学期的测试成绩。另外，化学Ⅰ级项目可以算作第一学期的一个实验成绩，但是在第二学期中也许就可以算作两个实验成绩。初中科学Ⅰ级项目可以算作一个实验成绩，而数学Ⅰ级项目也许就可以算作一个小测验成绩。这种定制和变化是为了保证评估与学生付出的努力和所涉及任务的复杂程度相匹配。

课堂上会讨论Ⅰ级项目的时间表和可交付成果，使学生都能明白需要做哪些事。尽管完成每个Ⅰ级项目的建议时间为大约一周，实际花的课堂时间也可根据学生的能力略有变化。

Ⅱ级和Ⅲ级项目在学年初开始并持续到年底。这些都是个人项目，学生可以从高中科学或数学两个领域中选择他们感兴趣的话题，或者从初中科学、数学或工程学三个领域之一作出选择。Ⅱ级和Ⅲ级项目之间的唯一区别是学生推动调查的程度。Ⅲ级项目几乎完全由高中学生独立完成，来自老师的支持和指导极少。初中学生只完成Ⅱ级项目。对Ⅱ级和ⅲ级项目的评估结构是相同的，因为这两种为期一学年的项目本质上具有相同的设计。在和谐公立学校STEM项目中，这种分化和定制的目的是为了适应学生的不同需求，因为这些学生的探究技能差别很大。在Ⅱ级项目中，学生从提供的活动和探究问题列表中选择一个感兴趣的主题。这为他们提供了一个框架来行使自己的选择和表达愿望，而不是试图从现实世界的无限选择中找到项目的主题。Ⅰ级项目还有助于犹豫的初中生进入高中时得到直接的帮助。

Ⅱ级和Ⅲ级项目的评分权重是课程分数的10%—20%，由数学或科学老师提前确定。一旦学生选定了他们的主题领域，就被分配给相应的数学或科学老师接受指导和训练。

由于项目在学年初就开始并持续了整个学年，对其管理就非常重要。为了帮助学生找到项目的节奏，避免年末的狂乱，学校提供给学生和家长一份附有截止日期的任务清单。这份清单也能帮助教师监控学生的项目进度。改进项目的步骤和赶上进度的步骤任务列表中都有。这一措施为学生的成长和进步提供保障。评估也遵循相同的模式。在"补充"这一步，根据学生改进的产品进行打分，这有助于促使他们努力创造更好的产品。来自网络的一份高中科学或数学Ⅱ级或Ⅲ级项目任务清单样本如下：

完成每个任务的细节和一步步的指导在网上都能找到，它们都以教学和培训视频的方式呈现。学生定期与教师会面，讨论项目进展并解决项目完成遇到的任何困难。整个项目过程中学生和老师之间的沟通都是通过专门为此创建的Google site完成的。通信历史记录也为评估项目发展提供了有价值的记录和手段。

数学和科学内容领域内的项目评估是由相应的教师根据评分标准完成的。像Ⅰ级项目一样，学生完成一个调查报告和一个数字演示、故事、照片库，用来评价调查报告的评分标准与Ⅰ级项目使用的是一样的。学生通过反复使用这一评分标准来增加对其内容的理解。在Ⅱ级和Ⅲ级项目，调查报告和数字产品使用不同的评分标准来评估。

和谐公立学校的学生在第三期末完成他们的 STEM 项目，为参加可以展示项目的活动和竞赛做作准备，并从提供建议和意见的评委那里获得来自现实世界的观点学生也在线展示项目以便观众提供反馈信息。

四、总　结

如波帕姆（Popliam，2001）所言：如果我们想了解学生是否能够在各种环境中使用技能，我们就必须通过多种方式来衡量对技能的掌握程度，并教导学生以多种方式来展现他们的掌握和谐公立学校所做的远远超过了在各种不同的环境中测评学生对技能的掌握程度，更是要通过 STEM 项目培养学生的 21 世纪技能，努力在测评这些技能增长的同时仍然以它的教育哲学和规定的课程内容为根基传播课程内容比传播学校在项目设计方面的基本理念要容易。和谐公立学校在这方面走出了很大的一步。通过 STEM 项目，和谐公立学校已经践行了其重视学生探究活动和学生成就这一基本教育原则的承诺。尽管和谐公立学校 STEM 项目在设计、实施和评估等方面仍处在发展之中，但已经对学生产生了显著影响。学生享受为项目而工作，没有意识到他们已经开始进行批判性和创造性思考，同时习得了 21 世纪技能，STEM SOS 项目是一个促进自主而有意义地开展对课程内容的学习、理解和掌握的强大工具。

第八章 基于学生核心素养科学课程体系的构建

前文围绕核心素养以及科学课程体系进行了许多讨论。这里结合前文的讨论结果，对科学课程体系的构建进行探讨，说明如何围绕学生的核心素养构建科学课程体系。

第一节 基于学生核心素养构建科学课程的理念

从前文的论述可以看到，围绕学生的科学核心素养构建课程，首先应该围绕科学教育课程标准，把科学教育中的科学本质、科学探究、科学知识、科学方法以及科学价值观等融合到科学课程的构建中。而站在跨学科科学课程构建的角度看，科学教育的发展要结合 HPS、STS 以及人文教育的取向，形成多元学科综合的科学教育课程体系。对于科学教育的课程理念来说，需要考虑到以下一些方面：

一、以立德树人作为科学教育的根本任务

科学教育课程是学校教育课程的一个构成部分，在教育任务方面要按照国家教育主管机关的规定，把立德树人作为科学教育课程发展的根本任务。而从当代科学教育的发展来看，这也是科学教育的基本发展方向。

站在核心素养的角度看，立德树人的要求是让学生树立基本的科学道德，崇尚科学，反对迷信，以科学的态度对待社会发展的基本问题。对于学生的发展来说，科学教育的基本要求之一是让学生树立科学信仰，能够以科学的态度对待社会事件，不盲从，不迷信，有独立思考的习惯。科学教育的基本要求之二是让学生树立利用科学的知识去判断善和恶，正义和非正义，公正和自私，诚实和虚伪等一些道德概念，也就是科学教育帮助学生在传统道德教育的基础上作更加深入的判断。科学教育的基本要求之三是让学生运用传统的道德规范科学行为，反对抄袭、学术造假等一些学术不端

行为。

其次，在科学教育的基础上，要强调科学教育的民族性，注重学生在科学教育方面的民族认同。教育活动中，应该深入开展民族精神和时代精神教育，加强科学教育与社会责任教育的有机结合，注重结合 HPS 教育取向，传播中国科学家进行科学探索的故事，从小教育学生树立科学发展与创新为国家服务的基本理念。

再次，科学教育活动要在培养学生基础科学知识与基本技能的过程中，强化学生在科学探究活动中的毅力、信念、信仰等一些科学精神相关的基本科学精神与科学态度要素，培养学生坚定信念、克服困难、不断创新的意志品质。

最后，科学教育活动要积极营造学生团结合作的良好氛围，让学生融入一个团体中，不断提升自己的交流与沟通能力，团结协作共同完成任务。

二、坚持围绕科学探究培养学生不断创新的意识

科学知识的本质是经验以及逻辑推理的集合。在这个基础上，要让学生认识到正确获得知识的方法。在这一方面，中外科学教育的课程标准中都非常重视科学探究，主张学生应该在基础教育阶段结束之前掌握基础的科学探究的方法，并能够把科学探究的方法应用在 STS 问题的解决中。由此可以看出，科学探究是科学核心素养培养的关键环节。具体地，在课程构建过程中，科学探究应该注重以下几个策略的运用：

第一，围绕学生科学知识的学习，在科学教育课程中，进行科学探究的顶层设计。科学探究作为科学教育的核心素养，并不是一天两天就能实现的，而是要在基础教育阶段一以贯之。在不同的教育阶段，科学探究应该以不同的形式落实在课程之中。例如在小学科学课程教育中，科学探究的方式可以是学生手工活动，一方面提升了学生的动手能力，另一方面则能够提升学生对科学知识的认识。而这种顶层设计则是能够帮助学生逐层地认识科学探究，在学生思维规律的基础上提升对科学探究这种方式的认识。

第二，以科学探究为基础，强化科学探究过程中的不同要素。一个完整的科学探究方案，正如前文所述的那样，有提出问题，分析问题，提出假设，设计模型，收集事实与证据，得出结论，合作与交流等。在这些不同的环节中有许多值得探讨的要素，例如学生如何展开对问题的分析。这就需要锻炼学生的观察能力与思考能力，找到所面临社会现象的核心问题所在，之后才能逐渐深入下去，逐渐加深对这些社会现象的认识。当然，正如我们前面说的那样，在不同的阶段，由于学生认识水平的不同，他

们对这些问题的观察深度也会不同。要结合学生的认识能力，设计在不同阶段的科学探究必备要素，逐渐培养学生的科学素养。可能在小学阶段，学生只是对问题有简单的认识，科学探究要素的认识也会非常简单，只有提出问题、分析问题、收集证据、得出结论、交流合作这几个环节；而在初中阶段就要提出一个简单的假设，在高中阶段则要增加模型设计。还有一个必须要考虑到的问题是，科学教育课程对于这些要素背后的科学价值观的培养。例如在分析问题环节，要教育学生崇尚科学，在收集证据环节，要培养学生严谨的科学态度和诚信的科学道德，在交流与合作环节，要敢于提出自己的意见，同时也尊重他人。

第三，围绕科学探究，融入科学知识的理解。牛顿说过，我看得远，是因为我站在巨人的肩膀上！培养学生科学探究的能力，并不是排斥科学知识的学习，而是要主动和科学知识的学习结合起来，教育学生善于利用已有的科学知识，采取科学有效的方法验证科学探究的结论。因此，在科学探究过程中，要把科学知识的学习融入进来，结合已学过的科学知识分析问题与设计模型。反过来看，科学探究也是我们学习科学知识的一个方法。科学教育可以结合科学史教育，将方便学生操作的实验融入课程之中，让学生利用科学探究的方法去认识这些知识。

第四，利用科学探究的方法，尝试解决一些科学技术与社会的问题。科学探究方法最终是要运用在解决科学技术与社会问题的。在科学教育课程标准，STS问题是学生科学素养展现的重要方面。如果科学探究不能应用在这些问题的解决中，那么对科学素养的培养来说则是失败的。对于学生来说，STS问题有可能超出学生的掌控范围，教师要正确予以引导。教师一方面引导学生能够简化问题，抓住问题的本质，这就是在前文中探讨的培养学生的观察能力；另一方面要结合学生已经掌握的知识，实现学生能力的提升，也就是科学探究的能力。在这之后，教师要引导学生树立正确的科学伦理观念，以人为本地应对科学技术对社会的影响。

三、坚持科学教育面向全体学生

正如我们前文探讨的那样，在基础教育阶段的科学教育并不是要培养科学教育的精英，而是面向全体学生，提升公民的科学素养。因此，科学教育课程要充分考虑不同学生的特点，坚持多样化、灵活地进行科学教育，保障每一个学生能够接受适当的科学教育。

科学教育课程的内容应该是多样的，能够满足学生的课程知识学习需要。学生科学知识的接受能力是不同的，他们在不同的文化背景之下不能完全或者充分理解科学知识，因此，针对不同的学生应该有不同类型的课程知识展现手段，满足他们对于科学知识的理解需求。

科学教育课程的内容应该是没有歧视的。科学教育课程的内容本身应该具备基本的社会公德，公正对待每一个学生。我们要求的课程多样性，并不是随意的，而是在基本社会公德的要求下，诚信、公正地对待每一个学生，令其具备基本的科学素养。

科学教育课程的内容应该符合学生的认知规律。科学教育课程的内容编排要符合学生的认知特点，结合科学知识与学生的日常生活场景展开知识的编排。具体的内容应该跨学科展现，不应该局限在某一个学科领域之内，以给学生完满的科学认识需求。所以以科学教育的形式展现科学知识，就是让学生认识到科学知识的本质。尽管在课程标准中划分了不同的科学教育场景，但是并不妨碍在科学课程中确立辅助必要的科学知识，满足学生对科学知识认识完整性的需要。

第二节　基于学生核心素养的科学课程目标

学生的核心素养在本质上就是一个心理的问题。著名心理学家皮亚杰认为，人对客体的认识是从课题的活动开始的，思维及认识发展的过程就是主体在实践活动中不断建构对客体的认识结构的过程。而在科学实践活动中，就是要通过一个个的专题活动实现学生探究能力、合作意识、求实精神、科学态度的培养。

一、科学课程教育目标的特征

科学教育是在科学教师引导下，学生密切联系学生自身生活和社会实际而进行的综合性学习活动，它具有综合性、实践性、开放性、生成性和自主性等特点。提高学生的科学素养，培养具有创新精神、实践能力和终身学习能力，具有社会责任感的未来人才则是科学教育活动的目标，也是科学课程的目标。

从我国基础科学教育的培养需要和现实要求来看，在中小学中开展科学教育活动的基本目标和要求主要反映在以下各方面：

第一，培养学生的终身学习意识，形成创新精神，发展科学探究能力。长期以来，我国中小学生的学习偏重于机械记忆、简单模仿和练习，仅仅立足于被动地接受教师的知识传授。这种学习方式极大地制约了学生主动学习的积极性，不利于发展学生终身学习的愿望，难以培养学生的创新精神和实践能力。科学课程教育提倡基于课题的研究性学习，开展课题探究，主张学生进行参与性的体验学习，让学生走出教室，走出学校，深入自然环境、社会生活，进行调查、考察、测量、实验等活动，对感兴趣的自然问题、社会问题和自我问题进行深度探究。从而改变学生单一的知识学习活动方式，构建一种积极主动、自主探究合作的学习方式，养成主动探究的习惯，形成问题意识和创新精神，发展科学探究能力。

第二，培养学生综合运用科学知识、技能和科学方法解决实际问题的能力。科学教育课程的综合性也是培养学生综合运用科学知识、科学方法探究解决实际问题能力的重要途径。科学教育课程中的知识培养帮助学生建立关于知识培养的基本框架，使学生了解科学知识和原理。科学综合实践活动可以弥补学生在科学课程教学中动手操作或动手实验机会不多，尤其是联系生产、生活、社会实际不够，综合运用知识、技能、方法解决实际问题少等不足。从心理学角度看，能力就是使活动的任务得以顺利完成的心理特征。能力是在知识学习与活动实践中形成和发展的，同时又是在活动实践中表现出来的。离开了知识学习与活动实践，能力既不能形成也无从表现。通过科学教育的知识学习和活动实践，让学生自己去查阅参考资料，设计实验方案，动手做实验，观察实验现象并进行思维活动，记录和整理数据，分析解释实验结果，撰写研究报告，或进行野外考察，收集素材，制作标本，或去工厂、农村参观调研，最后写出小论文或调研报告，甚至参与有关科学技术与社会问题如环境保护等的讨论与决策等，不仅有助于已有知识、技能和科学方法的运用，以及获得新的知识，开阔视野，更有利于培养学生的观察能力，实验能力，思维能力，自学能力，收集和处理科技信息的能力，以及最后解决实际问题的能力。

第三，增强学生对科学探究的兴趣，丰富他们的科学情感。一个人当前面临的事物，常常与自己已形成的思想意识（包括需要、态度、观念、信念、习惯等）之间发生关系，对这种关系的切身体验或反映就是情感。依情感内容的特点，区分为道德感、理智感和美感。据此，我们认为，通过科学课程教育来培养学生的科学情感，主要就是要培养学生的科学兴趣、科学态度、科学精神、科学道德观等。在科学课程教育中，学生制作模型、标本或者发现、探索和解决一些有趣的问题（包括实验习题、生产生活实际问题），或者进行野外考察、社会调查，撰写小论文、调研报告等都有助于培养和增强学生的操作、探究和创造兴趣；通过专题报告介绍科学家的生平和事迹，或者探索性实验、考察等活动，有利于培养学生实事求是、严谨细致和精益求精、善于交流与合作、学会分享、尊重他人的科学态度，以及勇于探索、追求真理、坚持真理、百折不挠的科学精神，同时也能培养学生良好的科学道德；通过专题报告介绍科技最新成就及其在日常生活、工农业生产和国防建设等方面的应用，有利于培养学生热爱科学、相信科学、尊重科学和依靠科学的科学意识。

第四，培养学生的科学价值观和社会责任感。科学技术发展给人类带来进步的同时也带来了负面影响，因此，世界各国课程改革普遍注重价值观和社会责任感的教育。科学课程教育标准要求结合学生的生活和社会实际选择研究课题开展研究活动，为学生的科学价值观和社会责任感的培养创造有利条件。在科学课程教中，通过知识学习和具体的活动实践，学生不但要努力提高自己的创新精神和实践能力，而且要增进对科学、技术、社会的理解，形成可持续发展观，增强社会责任感，尤其是能够通过实践活动了解科学的价值，认识到科学、技术对于社会发展、自然环境及人类生活的重要意义和影响，了解科学、技术与社会的互动关系，认识科学技术对人类社会是一把"双刃剑"，既有其积极影响，又有负面影响，体会到学科学、用科学的重要性，以此增进对自然的了解与认识，逐步形成关爱自然、保护环境的思想意识和能力；同时树立珍惜资源、关心地球、爱护生态环境的意识和主动参与社会决策的意识，以及为祖国和人民服务的意识和使命感、责任感，从而在面临有关的重大社会问题的挑战时，能够作出更理智、更科学的决策。

二、科学课程教育目标的特征

(一) 整合性

这一特征是由科学课程教育中学生所面对生活世界的综合性和每一个学生的完整的发展，以及科学学科的综合性决定的。学生的生活世界由个人、社会、自然等基本要素构成，这些基本要素是彼此交融的有机整体。在这些关系中，学生与自然，学生与他人或社会，学生与自我的关系是生活世界中最普遍的关系。学生处理这些关系的过程，就是对学生发展具有教育价值的活动过程。因而，科学课程内容的整合性，从内容功能上看，关注学生的知识、兴趣、情感、态度、价值观、能力等多方面的综合，注重科学综合素养的全面发展；从内容构成上看，主题范围涉及人与自然、科学技术与社会、学生与自我关系等方面的基本情境和问题，对任何主题的设计和实施都体现了个人、社会、自然的内在整合，体现科学与人文的内在整合，自然科学各学科之间的整合；从内容活动方式上看，学生要经历探究，实验，调查，考察，设计与制作，技术实践，总结与交流，展示与答辩，表演，服务，社会宣传，公益劳动等活动方式。

（二）实践性

注重实践体验、亲身经历，是科学课程的最根本的特点，没有实践，就没有科学课程教育。学生学习科学课程在一定程度上是为了掌握科学基础知识，形成基本的实验技能。但不仅限于此。学生学习科学课程还是为了密切科学知识与生活的联系，知识与社会的联系，以发展创新精神、实践能力为主要目的。因此，科学课程教育内容的设计，强调学生的亲身经历，要求学生积极参与到科学课程学习以及各项活动中去，在不同专题学习以及形式的活动中发现和解决问题，体验和感受生活，使学生能超越单一的书本知识，自觉地把直接经验学习和间接经验学习相结合，从而使科学课堂教学的空间和教材得以拓展，改变了学生在科学教育中的学习方式和生活方式，把学生的探究发现、大胆质疑、调查研究、实验论证、合作交流、社会参与、社区服务以及劳动和技术实践等作为重要的发展性教育活动，最终发展学生的实践能力和创新精神。

（三）开放性

科学教育课程面向每一个学生，以促进学生个性发展为总目的，其内容具有开放性。首先，科学教育课程内容的具体主题是特定的也是开放的。说它是特定的，是因为科学教育课程的知识是相对固定的，科学课程教育的内容在本质上仍旧要结合原有的学科知识。而说它是开放的，则是因为科学教育活动对不同地区、不同学校、不同班级和不同的学生而言，其具体的活动主题是多种多样的，它因中小学生所处的社区背景、自然资源，以及学生现实生活的需要和问题的不同而不同。只要是与学生的现实生活相关联，只要是学生自主地提出或自主选择的活动主题，都可以作为学生进行科学教育活动的内容。甚至即使在同一主题下，研究视角的定位、研究目标的确定、切入口的选择、过程的设计、方法手段的运用以及结果的表达等，也可有相当大的灵活度。其次，科学教育课程的内容范围是开放的，既可以是单科的，又可以是多学科综合、交叉的；既可以偏重于社会实践，又可以偏重于文献研究或思辨研究。这种在内容上的开放性特点，是其他任何课程的内容所不具备的。

（四）生成性

科学教育课程内容的生成性特点是由科学教育课程的过程取向所决定的。由于科学教育课程的实施过程强调学生亲身经历并获得实际的发展性的体验，因此，科学教育的课程价值就在于学生在活动过程中不断地形成良好的科学情感、态度和价值观，发展科学实践能力。学生参与科学教育的过程，就是学生自我生成的过程，是科学教育价值动态体现的过程。它必然要求学生在学习和参与活动过程中亲历和体验，才能不断地生成。重视实际的过程，也就是重视学生在学习和参与活动过程中的自我生成和建构。

（五）自主性

科学教育活动也是学生在科学教师的指导下，自主学习和参与科学教育的过程，学生在这一活动中，可以自己设计，自己安排，并决定与谁合作，以及自己决定活动结果的呈现形式，因而具有充分的独立自主性。所以，科学教师在组织科学教育活动时，要充分尊重学生的兴趣、爱好，为学生自主选择实践活动的目标、内容、方式及指导教师提供有利的条件，指导教师是参与者和帮助者，不能包揽应该由学生做的工作。

第三节　基于学生核心素养的科学课程内容

科学课程的内容要按照科学课程标准的要求确定，围绕立德树人这一根本任务，在科学探究教育，生命科学，物质科学，地球，宇宙与空间科学，科学技术与社会等方面入手进行编写。

一、科学探究教育

以探究为本的科学教育旨在帮助学生学习科学知识，掌握科学方法以及真正理解科学的本质。这样，科学探究把科学知识的学习与科学方法的学习以及科学本质的学习联系起来。对于科学教育中的科学探究，我们可以从以下几个方面来理解：

（一）科学探究是一种学习的方式

科学课程标准强调突出科学探究的学习方式，是因为科学不仅仅是科学知识体系，同时也是一种认识活动，包括科学认识的过程和方法。科学知识是科学过程和科学方法的产物。学生的科学学习活动与科学家的科学认识活动在本质上是一致的，在科学学习中，学生理应"重演"科学认识过程。"如果学生不了解知识是怎样获得的，不能以某种方式亲身参加科学发现的过程，就绝对无法充分认识现在的科学教学正是在后一方面失败得最为明显。"

科学探究作为一种学习方式，意味着教师要把探究作为一种学生认识自然和理解物质世界的重要途径和手段，通过让学生亲身经历和体验科学探究活动，激发学生学习科学的兴趣，获得科学知识，增进对科学的情感，理解科学的本质，学习科学探究的方法，初步形成科学探究能力。探究式的学习方式不主张以定论的形式把科学知识直接传授给学生，而是要求通过学生的主动探索发现过程获得科学知识。从这一角度讲，探究式学习方式与接受式学习方式是相对应的。突出科学探究的学习方式，将有利于从根本上改变传统的以接受式学习统治课堂教学的现象。

值得注意的是，我们强调突出科学探究的学习方式，并不是把它作为唯一的学习方式。针对当前科学教学中存在着的学生被动接受的多而主动探究的少，坐着听科学而被动消极无奈地学科学，死记硬背、机械训练的现状，强调探究式的学习方式有它的现实针对性。

（二）科学探究是一种重要的教学方式

作为教学方式的科学探究又叫探究式教学。探究式教学与其他教学方式不是相互排斥和对立的关系，应该是相互融合的。但是，对于科学教学来说，更应该提倡基于探究的多样化教学方式，也就是以探究式教学为基础，其他教学方法（如讲述、讲解、演示、讨论等）与之相融合。另外，实施探究式教学不宜搞统一模式、一刀切，而在于因地制宜地、创造性地开展丰富多样的教学实践探索。

此外，科学探究本身还是科学课程的重要学习内容之一，探究能力的培养也是科学课程的重要目标之一。

二、生命科学教育

我国义务教育阶段的《科学课程标准》极为重视生命科学的教育价值，将其作为构成知识领域的三大学科之一。与分科的生物课程相比，科学课程中的生命科学领域在内容体系的构建中更强调跨越学科界限，注重以跨学科、综合的方式来表现生命科学的特点和学习的特征，尤其表现在突出生命科学与物质科学和地球、宇宙、空间科学的相互联系、相互渗透和在统一科学主题下的学习整合。这有利于学生在学习生命科学内容的同时，理解生命科学与相关学科及其研究领域的联系，促进学生从科学联系与统一的角度认识科学的本质特征，了解科学探究方法和过程的特殊性，以及生命科学在科学技术和社会发展进步中的价值，建立更为开放的科学知识结构和形成更为开阔的科学认识视野，从整体上把握科学的性质。

因此，新科学课程的生命科学内容领域极为重视所选取内容的普及性、基础性和发展性，强调通过本领域的学习，使学生了解生命的基本特征，获得有关健康生活方式方面的知识，学会一些生物学的基本实验技能和科学探究技能，理解人类的活动对生物圈产生的多方面的影响，促进学生关注生命科学技术的发展和应用对个人生活和人类社会产生的作用，同时使学生能够应用所学的生命科学知识解释日常生活和生产中的一些现象，并能够解决与生命科学相关的一些实际问题。

根据《科学课程标准》对生命科学的这些定位，这一内容领域形成了五大学习主题：生命系统的构成层次，生物的新陈代谢，生命活动的调节，生命的延续与进化，人、健康与环境。每一个主题又由若干二级专题构成，形成了一个知识内容丰富、结构层次清晰的知识学习体系。

同时，这一领域的内容设计体现出了以科学的统一性和联系性为原则的特点，重视结构与功能相统一、生物体与环境相统一，以及延续与进化相联系的观念，把生命系统视作一个复杂的开放物质系统，从统一的科学概念和原理出发，给予学生基本的科学观念，以帮助他们从整体上认识生命世界，从联系性上理解生命科学的内容。

同时，生命科学领域的构成内容中还包括了生命世界的基本事实、基本规律和生命活动的基本原理等基础知识，并涉及诸多生命科学探究的基本方法，如观察、调查、模型建立、实验、收集资料、数据信息分析等，目的是使学生通过体验科学探究的过程，了解生命科学研究的一些特点，学习科学研究的方法和技能，从而起到培养学生领悟科学探究思想、提高科学探究能力的作用。

三、物质科学教育

科学课程的物质科学领域学习内容的选择和构建是依据于科学课程的基本理念和课程目标，在突出科学本质，适应和促进学生认知发展，满足社会进步的需求的要求下构成的。其内容构成以物理和化学两大学科为基础，按照统一的科学概念和原理综合而成的。所选内容既体现了原有学科的特点，又有了新的变化。《科学课程标准》中物质科学内容领域由四大主题构成，如表8-1所示。

表 8-1 物质科学教学内容体系

主题	专题	具体内容
常见的物质	物质的性质	涉及物理变化与化学变化，及主要的物理性质与化学性质
	水	包括水的组成、性质、溶液、水资源、水资源污染等
	空气	包括空气成分、大气压、大气层、大气污染、氧气、二氧化碳等
	金属	涉及常见金属、冶炼史、金属活动性、防腐、废金属回收、金属材料
	常见的化合物	包括单质与化合物，重要酸、碱、盐的性质，中和反应
	常见的有机物	涉及有机物、矿物能源、主要有机物、重要合成材料
物质的结构	构成物质的微粒	涉及物质构成、纳米材料、物质三态变化、原子结构模型
	元素	包括元素及重要元素、元素周期表、常见元素符号、同位素
	物质的分类	涉及纯净物与混合物、化合价与化学式、相对原子量、晶体等
物质的运动与相互作用	常见化学反应	涉及氧化、还原，化合、分解、置换，质量守恒，化学方程式等
	运动和力	涉及运动、力、速度、惯性定律、二力平衡、压强、浮力、流体
	电和磁	涉及电路、欧姆定律，磁场、电磁感应，日常用电，材料
	波	涉及电磁波，声波，光的反射与折射、透镜，太阳光组成等
	物质的循环与转化	涉及碳、氧、氮循环，（非）金属及其氧化物、（酸）碱间转化
能量与能源	能量转化与守恒	涉及能的形式，功与机械能（守恒），简单机械，功率，内能变化，化学能与内能转化，电能，核能，能量转化与能量守恒等
	能源与社会	包括能源分类、太阳能，能源开发与节能，能源与人类、社会

四、地球、宇宙和空间科学

在《科学课程标准》中，这一部分内容的突出特点是通过地球、宇宙和空间科学的整合，使学生理解地球、太阳系和宇宙不仅有其构成的系统性，而且有广泛的联系性和统一性，同时也使学生能够认识到地球、宇宙和空间科学还是现代科学技术应用的一个重要领域。这一部分内容也采取了"主题-专题"的构建模式，形成了"地球在宇宙中的位置"和"人类生存的地球"两个主题，其内容领域的构成和教学要求如表8-2所示。

表 8-2　地球、宇宙和空间科学内容领域的内容构成和教学要求

主题	专题	教学要求
地球在宇宙中的位置	星空	通过收集资料、观察星空、参观讨论和课堂学习，让学生初步了解太阳系、银河系乃至宇宙，激发对天文现象的兴趣与求知欲，初步形成科学的宇宙观。
	太阳系与星际航行	
	银河系和宇宙	
人类生存的地球	地球	在本主题的学习中，要尽可能采取活动形式让学生认识大自然，了解自然界中的地形、大气、水体、土壤等都是人类赖以生存的基本物质条件，同时也要引导学生认识人类的活动会对地形、大气、水体、土壤等产生影响。
	地壳运动和地形变化	
	土壤	
	球上的水体	
	天气与气候	

五、科学技术与社会

在《科学课程标准》中，"科学、技术与社会关系"内容领域由科学、技术与社会的互动，科学史，技术设计和当代重大课题等四大主题构成。各主题和专题的目标要求和教学实施要求明确，不仅提出了有关内容构成特点方面的说明，而且提出了进行科学知识、科学方法、科学思想、科学情感态度与价值观，以及进行 STS 教育的原则性要求。"科学、技术与社会的关系"内容领域的构成及其目标要求如表 8-3 所示。

表 8-3　"科学、技术与社会的关系"内容领域的构成

主题	主要内容	目标要求
科学、技术与社会的互动	科学与技术科学与社会技术与社会之间的关联	初步了解科学与技术的区别，知道科学能促进技术的发展，知道技术可以为科学的发展提供有力的支撑，知道科学是全社会的事业，它的发展需要社会多方面的支持，知道科学进步是推动人类文明发展的根本动力之一，知道技术的应用会对人类社会产生正面与负面的影响。能举例说明社会的需要会推动技术的发展
科学史	提供重要的科学事实、概念、原理、方法以及技术发明的历史背景、现实来源和应用	培养学生的探索精神和科学态度，促进和改善学生对相应的科学思想方法的理解

续表

主题	主要内容	目标要求
技术设计	知道技术设计在技术活动中的重要性，知道技术设计活动过程的主要环节，能初步按技术设计过程来制作简单的作品或提出设计方案	培养学生的技术设计能力
当代重大课题	环境与资源；现代农业与基因工程；通信与交通材料；空间技术	学生将形成关注环境、资源等社会重大问题的意识，增强社会责任感，知道应当用科学的原理和方法解释自然现象和解决生活中遇到的实际问题，逐步养成科学的生活态度与习惯

第四节　基于学生核心素养的科学课程教学方法

一、围绕科学核心素养的科学课程教育基本原则

为了实现科学教育的目标，提高实施科学教育的质量和效果，科学教师在组织和开展科学教育时应针对科学教育与学生的特点，注意遵循以下基本原则：

（一）实践性原则

这是实施科学教育的首要原则。这一原则强调学生对科学教育的亲身经历，要求学生积极参与各项活动，通过课题研究、参观、考察、实验、探究等形式来加深学生对所学科学基础知识与技能的理解和掌握，发现和解决实际问题，体验和感受生活，了解科学、技术与社会之间的关系及其相互作用，增强社会责任感，使学生在参与探索和研究的过程中学习科学方法，锻炼科学思维，培养科学探究兴趣和科学态度，树立科学思想和科学精神，全面提高学生的科学素养。

（二）开放性原则

开放性原则针对的是单一性、封闭性、被动性思维，强调培养和训练学生多元、主动、创造性的思维。这一原则要求以灵活开放的形式来实施科学综合实践活动。其一，活动的组成成员可以自由和开放组合，既可以是个人活动、小组活动，也可以是

班级活动。其二，活动的主题应当是开放的，可以在科技、人文、社会、资源、环境等范围内确定主题，也可以是有关学科或者领域的综合。其三，实践活动的范围是开放的，如课内、课外、街道、乡村、厂矿、机关、大学、科技馆、博物馆等。其四，实践活动的方式是开放的，可以是课题研究、科技制作，又可以是考察、参观等方式。此外，也要求活动成果的表现形式和评价方式是多样化的，不仅有论文、总结报告、实物标本、小品表演、图片、照片、多媒体演示等报告与评价的方式，也可有口头报告、讨论辩驳等形式。

（三）自主性原则

这一原则是指科学教育的实施过程中，教师应始终贯彻主体性教育思想，以学生的发展为出发点和归宿，充分尊重学生的兴趣、爱好，关注学生的情感，保护学生的自信，发挥学生的潜能和能动性，形成主体意识，提升主体性，发展学生的创新思维，养成创新人格，为学生主体性的发挥开辟广阔的活动空间。这就要求教师允许学生在课程教育中充分提升自主性，教师的作用在于组织、指导、协调，不可包揽学生的自立活动。

（四）情感性原则

现代心理学研究表明：青少年学生的心灵深处蕴藏着使自己成为发现者、研究者、探索者的强烈愿望，蕴藏着广泛的好奇心、强烈的求知欲和勇于探索未知世界的热情，以及自我实现的需要。这些心理特征是推动学生进行科学教育，发挥自己的创造潜能的强大内驱力。因此，教师在实施科学实践活动过程中应努力营造一个民主、平等、和谐、宽松的氛围，使学生敢于探索、勇于创新，开发丰富的活动资源，为学生提供发现问题、探索规律的条件，满足学生自我实现的需要，并充分运用激励评价的手段，让学生体验探究、创新的乐趣和成功的喜悦。

（五）安全性原则

科学教育的安全性原则是由青少年的年龄特点和《中华人民共和国未成年人保护法》的有关规定决定的。安全性原则是指在科学教育中，教师应充分注意活动内容、方式、场所等的安全性，防止发生人身安全事故。安全性原则要求教师在开展科学综合实践活动之前要制定周密有效的安全措施，在活动中要不断巡视，检查，提醒学生注意安全事项，以确保万无一失。此外，在科学综合实践活动中，还要培养学生的安全意识，遵守活动的安全规程，增强自我保护能力。

（六）层次性原则

所谓层次性原则，是指在实施科学教育过程中，教师要针对不同层次的教育对象，确立不同的活动目标，设置不同的活动内容和途径，实施适应性的科学教育。科学教育重在培养学生的创新意识和实践能力，提高学生的综合科学素养，但这并不是一蹴而就的。事实上，在不同阶段，不同年龄的学生，其能力发展的差异程度不同，因而开展科学教育的内容、手段和方式也就各异，应该遵循由易到难，由简单到复杂，循序递进的层次性原则。

二、科学综合实践活动的教师指导方法

在科学教育中，教师的教学方法同传统教学是有明显不同的。这里以科学综合实践活动说明教师的教学方法。

（一）准备阶段的教师指导

1. 指导学生确定恰当的活动主题

在科学综合实践活动的准备阶段，教师应根据学生的科学知识基础和技能，以及兴趣爱好，学生所处的特定社区背景和自然条件，引导学生确定合理的活动主题、项目或课题。在学生初次进行科学综合实践活动时，教师可提供若干有益的活动主题、项目或课题，供学生选择。随着活动次数的增加，教师要培养学生自主选择活动主题的意识和能力，逐渐放手让学生自主确定活动项目、主题或课题。教师要创设学生发现问题的情景，引导学生从学生个体的学习生活、家庭生活、社会生活或自然生活中提出具有生命力的鲜活的活动主题、项目或课题。在学生初步选择或自主提出活动项目、主题或课题后，教师要引导学生对其进行论证，以便最后确定合理可行的活动项目、主题或课题。

2. 给予适当的方法指导

在科学综合实践活动的实施过程中，教师不应只要求学生去调查、访谈、搜集资料，而不给予具体的方法指导，否则影响活动的正常开展。教师有必要针对学生活动的具体任务，渗透关于问题解决的基本方法的专题讲座，可以着重围绕如何发现问题和提出问题，如何设计活动方案，如何搜集与处理资料，如何撰写活动总结或报告，表达与交流，如何开展小组合作学习，怎样进行调查，怎样进行访谈，怎样进行实验，怎样进行手工设计与制作，怎样利用网络与计算机开展活动等方面举办适度的专题讲

座，为学生活动奠定必要的方法论基础。应该注意，方法论的指导要把专题讲座和方法实践结合起来，方法论的指导不能局限于知识的系统讲授。

3. 指导学生确定合理的活动方案

确定活动主题或项目或课题之后，教师要指导学生制订合理可行的活动方案。研究方案应包括从哪些维度来展开课题研究、所需时间、小组内如何分工、拟采用哪些研究方法搜集资料等。学生对课题作了大体规划以后，需要教师把关，看其计划是否合理、可行。

（二）实施阶段的教师指导

1. 指导学生收集和处理信息

在科学综合实践活动中，学生要围绕他们感兴趣的问题或主题开展活动，既要针对问题或主题本身收集一定的文献资料，更需要收集观察、实验、调查、参观等过程中所获得的资料和事实等信息，然后对其进行分析和处理，为得出结论或者解决问题奠定基础。因此，培养学生收集、处理信息的能力非常重要。教师可以针对学生的实际和相关的课程资源，结合实例对学生进行一定的基础训练，帮助学生掌握利用工具书（如索引、文摘、百科全书等）、使用因特网、做笔记、进行访谈、对资料作整理和分类等方面的技能。在具体的活动过程中，要指导学生有目的地收集资料和事实，指导学生正确运用实验、观察、调查、访问、测量等方法，指导学生写好活动日记，及时记载活动情况，真实记录个人体验，为以后进行总结和评价提供依据。

2. 及时了解学生活动进展情况并给予点拨

在实施科学综合实践活动过程中，教师要及时与学生交流，掌握学生活动的进展情况，有针对性地进行指导、点拨和督促。在学生的兴趣不能持久时，教师要帮助维持他们的活动热情；在活动中，学生很可能浅尝辄止，或流于形式，此时教师应引导学生拓宽研究思路，深入探究，充分挖掘出活动的意义和价值；尽管活动之前学生已制定好了活动方案，但在整个活动过程中并非是完全按照预先的计划进行的，学生在与情境的相互作用中会不断生成新的主题、新的活动设计，这就需要教师有敏感的洞察力，善于捕捉和灵活处理，使整个活动生机盎然，对有特殊困难的学生或者小组，教师要进行个别辅导，或创设必要条件，或帮助学生克服在调查、考察、参观、访问、实验、测量、劳动、服务等实际的活动中可能遇到的方法上的困难，或帮助学生调整活动计划。教师还要培养学生的安全意识和自我保护能力，防止意外的事故发生。

3.协调各方面关系，保证活动顺利开展

科学综合实践活动的开展常常需要生生、师生，甚至社会人员的多种形式的合作与交往才能顺利完成。因此，教师应疏通交往渠道，协调人际关系，争取家长和社会有关方面的关心、理解和参与，营造民主平等、和谐融洽、团结互助的心理环境，为学生提供多种交往的条件和机会。当学生以合作小组的形式展开活动时，教师要协助学生安排不同的角色分担相应的责任，引导学生制定小组共同目标，分享学习资料和活动设备，组织小组成果汇报与交流，让学生共享成功的喜悦。

（三）总结交流阶段的教师指导

在科学综合实践活动的总结阶段，教师应引导和鼓励学生通过多种方式总结、反思、评价自己在参加活动中获得的实际体验，深化对自然、对社会和对自我的认识，使之成为学生反思自我、发现自我、发展自我的过程。比如，指导学生撰写活动报告，可以小组汇报的形式进行，小组成员将所开展活动的大致过程、探究发现、研究心得等向全体同学汇报，其他同学可以向小组成员提出问题；也可以采用师生讨论会的形式，教师与小组学生一起讨论课题的成功之处与不足；也可以让学生写反思日记，来记录活动中的收获及心得体会，让学生进一步了解自己；还可以通过主题演讲、辩论赛等方式进行交流。

参考文献

[1] 赵婀娜. 今天，为何要提"核心素养". 人民日报，2016－10－13.

[2] 成尚荣. 核心素养：开启素质教育新阶段. 中国教育报，2016－05－18.

[3] 成尚荣. 核心素养的中国表达. 中国教育报，2016－09－19.

[4] 陈平原. 文学教育为人的一生打底子. 教育文摘周报，2016－10－12.

[5] 林崇德. 坚持正确政治方向凝练学生核心素养. 中国教育报，2016－09－30.

[6] 林崇德. 中国学生发展核心素养：深入回答"立什么德、树什么人". 人民教育，2016（19）.

[7] 汪瑞林，杜悦. 凝练学生发展核心素养培养全面发展的人. 中国教育报，2016－09－14.

[8] 钟启泉. 核心素养的"核心"在哪里. 中国教育报，2015－04－01.

[9] 杨九诠. 三对关系中把握核心素养. 中国教育报，2016－07－13.

[10] 尹后庆. 学校教育必须直面"新质量时代". 中国教育报，2016－08－31.

[11] 郑方贤. 高考新政下，高中转型准备好了吗?. 文汇报，2016－09－23.

[12] 申继亮. 普通高中教育改革与发展的着力点. 中国教育报，2015－11－04.

[13] 杨桂青. "新高考"催发普通高中教育新变化. 中国教育报，2015－11－04.

[14] 黄荣生. "选"出来的个性化教育. 中国教育报, 2016—07—13.

[15] 陈文强, 许序修. 人的个性发展不能仅靠学校"圈养". 人民教育, 2016 (9).

[16] 周彬. 新高考改革对教师专业发展有何启示. 文汇报, 2016—08—12.

[17] 钟启泉. 从技能训练走向教师文化. 中国教育报, 2016—04—21.

[18] 胡国勇, 杨帆. 上海教育中教师究竟起了什么作用?. 文汇报, 2016—02—19.

[19] 杨向东. 核心素养与我国基础教育课程改革的关系. 人民教育, 2016 (19).

[20] 张华. 正确处理核心素养与"双基"的关系. 人民教育, 2016 (19).

[21] 余文森. 从三维目标走向核心素养是课改深化的标志. 人民教育, 2016 (19).

[22] 胡进, 王家祺, 何光峰, 等. 核心素养统领下, 课程教学如何变革. 中国教育报, 2016—09—21.

[23] 袁振国, 张绪培, 崔允漷, 等. 核心素养如何转化为学生素质. 光明日报, 2015—12—08.

[24] 王宁. 语文教材: 体现人文精神贯穿语文素养. 光明日报, 2016—09—02.

[25] 成尚荣. 道德与法治教材: 将社会主义核心价值观落细落小. 光明日报, 2016—09—02.

[26] 丁邦平. 国际科学教育导论. 太原: 山西教育出版社, 2002.

[27] 郭玉英. 从传统到现代: 综合科学课程的发展. 北京: 北京师范大学出版社, 2002.

[28] 潘苏东. 从分科走向综合: 初中阶段科学课程设置问题的研究. 北京: 中国轻工业出版社, 2004.

[29] 施农农. 中外初中自然科学全科教育研究与比较. 杭州：浙江大学出版社，2002.

[30] 余自强. 科学课程论. 北京：教育科学出版社，2002.

[31] 袁运开，蔡铁权. 科学课程与教学论. 杭州：浙江教育出版社，2003.

[32] 祝怀新. 科学教育导论. 北京：中国环境科学出版社，2005.